教育不是注满一桶水，而是点燃一把火。

——威廉·叶芝（1923年诺贝尔文学奖得主）

给孩子读好书是世界未来唯一的希望。

——艾萨克·辛格（1978年诺贝尔文学奖得主）

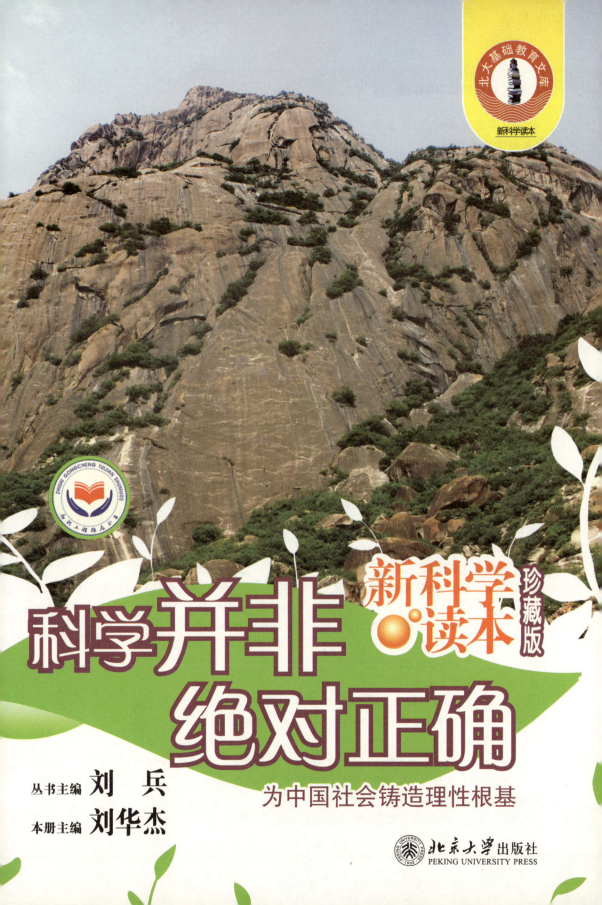

图书在版编目(CIP)数据

科学并非绝对正确/刘兵主编.—北京：北京大学出版社，2012.5
（新科学读本珍藏版）
ISBN 978-7-301-20484-9

Ⅰ.①科… Ⅱ.①刘… Ⅲ.①科学知识－青年读物②科学知识－少年读物
Ⅳ.①Z228.2

中国版本图书馆 CIP 数据核字(2012)第 066941 号

书　　　名：科学并非绝对正确
著作责任者：刘　兵　主编
丛 书 策 划：周雁翎
责 任 编 辑：陈　静
标 准 书 号：ISBN 978-7-301-20484-9/G・3399
出 版 发 行：北京大学出版社
地　　　址：北京市海淀区成府路 205 号　100871
网　　　址：http://www.pup.cn　电子信箱：zyl@pup.pku.edu.cn
电　　　话：邮购部 62752015　发行部 62750672　编辑部 62767346
　　　　　　出版部 62754962
印　刷　者：北京大学印刷厂
经　销　者：新华书店
　　　　　　787 毫米×1092 毫米　16 开本　11.25 印张　200 千字
　　　　　　2012 年 5 月第 1 版　2015 年 8 月第 3 次印刷
定　　　价：25.00 元

未经许可，不得以任何方式复制或抄袭本书之部分或全部内容。
版权所有，侵权必究
举报电话：(010)62752024　电子信箱：fd@pup.pku.edu.cn

总 序
ZONGXU

教育问题是一个为全民所关心的问题。家长关心孩子的成长，孩子作为受教育者自然对当下教育存在的问题有着更深切的直接感受。教育的问题又是多方面的、极为复杂的问题，很难通过一两项具体的措施得以解决。但当我们面对现实时，又无法一时同步地解决所有相关的问题，因而一些具体改革性工作在某种程度上还是必要的。这套面向青少年的《新科学读本》，就可以说是这样的努力之一。

一个重要的背景，是人们对于"两种文化"之分裂的关注。

如果不谈更为久远的历史，至少自20世纪中叶以来，在国际背景中，教育（包括科学教育和人文教育在内）改革发展的一个重要的方向，就是努力缩小长期以来被人为地割裂开来的在科学文化与人文文化之间的鸿沟。这样的努力一直延续至今，在近年来国际上许多重要的教育改革文献中，我们都可以非常清楚地看到这种努力的具体体现。

在中国，近年来随着基础教育改革的深入，新课程标准的制订也在相当程度上体现出了类似的倾向，这种倾向特别体现在对于科学探究、科学的本质、科学技术与社会的关系等方面的强调，而且明确提出了科学教育对于培养学生的情感、态度、价值观方面的作用。

在如今这样一个科学和技术已经深深地影响了人类社会生活和思想文化的时代，作为一个理想的公民，具备适当的科学素养已是重要的前提条件之一。这里讲公民，讲科学素养，一层含义是说我们进行科学教育的目的并不只是为了培养科学家，特别是在基础教育阶段，科学教育应是一种面向全体学生的教育，从绝对数量来说，所培养的对象在其未来的发展中更大的可能是从事科学研究之外的工作。一个可以参照的标准是，《美国国家科学教育标准》将学校科学教育的目标规定为 4 项，即培养学生能够：1.由于对自然界有所了解和认识而产生充实感和兴奋

科学并非绝对正确

感；2. 在进行个人决策之时恰当地运用科学的方法和原理；3. 理智地参与那些围绕与科学技术有关的各种问题举行的公众对话和辩论；4. 在工作中运用一个具有良好科学素养的人所应有的知识、认识和各种技能，因而能提高自己的经济生产效率。美国人认为他们设定的这些目标勾画出来的是具有高度科学素养的社会的一个大致轮廓。美国人的目标有他们的特色，但其中不乏值得我们借鉴和参考之处。

虽然中国的教育改革呼声甚高，也有了像新课标制订和新课标教材的编写使用这样一些具体的措施，包括在这些措施背后所蕴含的诸如沟通两种文化等观念的普及，但在现行的体制下，现实地讲，仅仅依靠学校教育中体制化的科学类课程教育，还是很难达到前面提到的那些目标的。因为我们虽然现在强调素质教育，但毕竟不可能在很短的时间内彻底摆脱应试教育的传统，也由于许多其他条件和因素的限制，在学校体制化的、正规教育的有限课时内，也难以容纳过多的但对于理解科学、认识科学却是十分重要的内容。

与此同时，在与学校的正规教育相对应的、传统中被称为"科普"的领域，长期以来主要的工作大多属于非正规教育的范畴。在这个领域中，从思想内容、传播理念，到具体形式和内容，近些年来也有了相当迅速的发展。其中，国内科普的发展也受到了像国外的"公众理解科学"等领域的工作的影响，受到了来自像科学哲学、科学史、科学社会学等对科学的影响。这些发展，与正规基础科学教育中的趋势是大致相同的，但又比传统的正规教育更加灵活，能够更及时地汲取来自科学人文研究前沿的一些新成果、新观念。

如果能够把更靠近传统的、正规的基础科学教育的长处，与以非学校正规教育为主的科普（或称"公众理解科学"、"科学文化传播"或干脆简称"科学传播")教育的优势相结合，显然对于学生科学素养的培养与提高是大有益处的。这也正是我们编辑这套《新科学读本》的意义之所在。

说到"新科学"的概念，其实早就有人用过。其中最有名者，莫过于哲学家维柯的经典名著《新科学》，但维柯是在将历史、语言学、哲学都包括在内的非常广义的意义上使用"科学"的概念的。我们还可以注意到，20世纪上半叶，美国著名科学史家、当代科学史学科的奠基者萨顿，曾大力地倡导一种将科学与人文结合起来的人文主义，或者用他的说法，即科学的人文主义，他也将之称为"新人文主义"。类似地，在我们这里，我们使用"新科学"来命名这套读本，也是努力将长期以来处于严重分裂状态中的科学与人文相结合，力图在介绍传统的具体科学知识的同时，将更多的与科学知识相关的人文背景、社会环境、思想文化等"外部"因素结合进来，以一种人文立场来观察和了解科学。这与前面所讲的国际潮流和国内教育改革趋势也是一致的。

近些年来，国内出版了许多有关上述内容的书籍和刊物，其中不乏精品，但由于这些精品散见在大量不同类型的书籍和报刊中，不利于普通读者在有限的时间内最有效率地阅读，而且考虑到面向在校学生（当然此套书的读者对象绝非仅限于在校学生，它的潜在读者范围应该大得多），我们从大量的书籍报刊中，选出了这套读本的内容。

在《聆听大自然的呼吸》《生命的颜色》《地球还会转多久》《科学家不能做什么》这几卷中，除了有关科学知识、科学的方法、科学家的责任、科学与非科学方面的内容外，也经常从一种相对广义的层面来理解科学，甚至包含了一部分民俗、风物、游记、科学文艺等内容。在这几卷中，博物学是一个非常突出的主题，这既是对于长期以来正在逐

新科学读本 珍藏版

渐丧失中的与数理实验传统不同的博物传统的一种恢复和强调,也更适合孩子们拓展眼界、关注自然的需要。

在《世上没有傻问题》《智慧的种子》《绝妙的错误》《科学是美丽的》这几卷中,编者强调的是,选择那些有利于让学生理解知识的创造过程,强调充满好奇心的思维,传达科学家们是如何在从事科学研究中动态地思考的文章,以避免学生在学习中产生把书本上静态的知识当做唯一的科学知识的误区,让学生能够理解何为"智慧"、何为"成功"、何为"成就"、何为"有意义的生活"。在选文上更为注重理性思考,关注科学与其他领域,特别是科学与社会的复杂关系,力图让孩子们更为整体、更为全面地理解科学。

当然,这里所注重的,并不是要求学生读懂每一句话、每一个字,并不要求学生在阅读之后"记住"多少具体知识。许多问题也不存在唯一"正确"的答案。最重要的,是让学生通过阅读去独立地思考,在独立思考的基础上形成自己对于科学的理解。

清华大学教授 刘 兵

目 录 CONTENTS

一　榆树开花的时候 | 1

《水调歌头·明月几时有》科学论／卞毓麟 | 3
写在珍妮讲演之后／郭　耕 | 7
群居与巢穴／[美] 魏　德 | 12
出发前的达尔文／[美] 斯　通 | 18
狱中生态／杜　宣 | 25
榆树开花的时候／果向真 | 29
绵绵土／牛　汉 | 34
弱肉强食／流沙河 | 38
林中速写／张宇仁 | 41
捕蟹者说／王充闾 | 45

二　地球送出的唱片 | 49

海中花园／许　评 | 51
灰尘的旅行／高士其 | 56
电话／梁实秋 | 61
手把羊肉／汪曾祺 | 66
北京的银座——王府井／孟广学 | 69
地球年龄"官司"／李四光 | 75
地球上送出的唱片／李　元 | 78

科学并非绝对正确

漫话小行星／卞德培 | 83

2028年遭遇小行星有惊无险／李启斌 | 89

阿尔金山科考纪实二则／才华烨 | 91

寻访武夷山／徐　刚 | 96

三　并非绝对正确 | 103

观察可能出错／[英] 贝弗里奇 | 105

算命／梁实秋 | 111

以科学的名义／[英] 里德利 | 115

给孩子们讲阿基米德的故事／吴国盛 | 120

长白山天池"怪兽"／沈孝辉 | 125

四　科学不是什么 | 135

信与知／[德] 魏特林 | 137

推理及注意事项／[英] 贝弗里奇 | 140

草包族科学／[美] 费恩曼 | 144

预言／叶圣陶 | 147

"大十字"不过是"戏说"／李启斌 | 150

生命科学与骗术／王小波 | 154

怪坡揭秘／赵致真 | 160

科学与批评／[美] 萨　根 | 165

植物的感觉／[美] 高尔斯顿　斯莱曼 | 167

一　榆树开花的时候

《水调歌头·明月几时有》科学论／卞毓麟
写在珍妮讲演之后／郭　耕
群居与巢穴／［美］魏　德
出发前的达尔文／［美］斯　通
狱中生态／杜　宣
榆树开花的时候／呆向真
绵绵土／牛　汉
弱肉强食／流沙河
林中速写／张宇仁
捕蟹者说／王充闾

《水调歌头·明月几时有》科学论[1]

卞毓麟

苏轼于中秋夜写下了传诵千古的《水调歌头·明月几时有》。今又值中秋，兴之所至，乃效阿西莫夫注莎士比亚、弥尔顿诸文坛泰斗名著之举，试注斯词如次。

明月几时有？把酒问青天。
不知天上宫阙，今夕是何年。
我欲乘风归去，又恐琼楼玉宇，高处不胜寒。
起舞弄清影，何似在人间。
转朱阁，低绮户，照无眠。
不应有恨，何事长向别时圆？
人有悲欢离合，月有阴晴圆缺，此事古难全。
但愿人长久，千里共婵娟。

苏轼画像

明月 "月亮"在天文学中的正式称谓是"月球"，它本身并不发光，只因反射太阳光才显得如此明亮。不少欧洲人曾误以为达·芬奇率先于15世纪提出月光来自日光。其实，中国人和希腊人提出此说还要早得多。如西汉末年成书的《周髀算经》即已提及"月光生于日所照"。

几时有 月球在任何时候都只有半个

科学并非绝对正确

[1]原载《科技日报·星期刊》1994年9月18日2版，"谈古论今"栏，其"编者按"曰："苏轼的名篇《水调歌头·明月几时有》脍炙人口，历代的评论和注释不计其数。卞毓麟先生……为这首词作科学注释，可谓别开生面。""科普文章的形式是多种多样的。希望读者、作者和编者共同探讨新颖、生动的各种科普文体，以实现我们的办刊宗旨——在大文化框架中注入科学的精华。"至今我们很赞同该刊"编者"的这一见解。

月相变化

球面照到太阳光,且任何时候也只有半个月球表面向着地球。月亮不停地绕地球转动,太阳光照射月球的方向同我们观察月球的视线方向之间的夹角便不断地变化,于是造成月亮的盈亏圆缺。我国农历以月亮经历一次完整的盈亏变化作为一个月,明亮的满月总是出现在每月的十五、十六日。

青天 地球大气对红橙色光散射最轻微,对蓝紫色光散射最强烈,"天"呈青色或蓝色,即系地球大气对太阳光中不同颜色的成分散射效果各异所致。在地球大气外看到的天空是漆黑一片,但在暗黑的天穹上太阳显得异常耀眼,满天繁星却可与太阳同时出现。在没有大气的星球上决不会有"青天",例如在月球上就是如此。

夜空中的月球

天上宫阙 从地球上看觉得月亮在"天上",宇航员在月球上又看见地球在"天

满月

新月

上"。其实从天文学的立场看，地球和月球都是天体。当观测者置身于某一天体上时，他就觉得自己"脚踏实地"，其他星球则悉数皆在"天上"。人类迄今尚未发现地球外其他天体上的生命，更未发现"他们"建造的"天上宫阙"。"灵霄殿"、"广寒宫"都只是人们的想象而已。

今夕是何年 地球上的"一年"是地球绕日公转一周所需的时间，即地球的公转周期。其他行星的公转周期各不相同。例如，火星的公转周期是地球的1.88倍，因此在火星上一年的长度就相当于地球上的1.88年。在谈论不同星球上的"年"时，常需具体言明是指"地球年"，还是"火星年"等等。月球作为地球的卫星，随地球一起绕日运行，故"月球年"的长度和"地球年"相同。可见"天上宫阙，今夕是何年"这个问题还很有天文学意味呢。

乘风归去 "风"是大气运动的一种表现形式，没有大气的地方便无风可言。欲"乘风"在地月之间旅行，其实是不可能的。

琼楼玉宇 1969年，美国阿波罗11号宇宙飞船首次将两名宇航员送上月球。如今科学家已在认真考虑大规模开发月球的可能性。预期在21世纪，人类将会频频往返于地月之间。那时，"琼楼玉宇"就会成群地出现在月球上了。

高处不胜寒 月球没有大气和海洋的调节，因而昼夜温差极大：白昼阳光直射处的温度可超过120℃，夜间温度则可低到零下180℃——那可真是"不胜寒"啊！

起舞、何似在人间 月球表面重力仅约为地球表面重力的1/6，故宇航员们在月球上行动显得非常飘然优雅。若在月球上举行运动会，则无论是

科学并非绝对正确

跳高跳远还是铁饼铅球，都会远远突破地球上的纪录。在月球上翩翩起舞，自然也不似在人间了。

转朱阁、低绮户、照无眠 "转朱阁，低绮户"，形容明月行空，清辉入户。农历月半，月亮于日落时升起，翌晨日出时落下，故可彻夜伴照无眠之人。

何事长向别时圆 月圆适逢人离别，纯系触景生情之语，自无科学依据。

阴晴圆缺 "阴晴"是气象现象，取决于地球大气中的云量多寡，其实与月之圆缺（即"月相"）无关。农历初一全不见月称为"朔"；两三天后，日落不久在西边天空中可见"新月"如钩；新月渐盈成为"蛾眉月"；初七、初八日落时在南方天空中已高悬着半圆形的"上弦月"；十一、十二日落后在东方天空中可看到一轮"凸月"；十五、十六日落时"满月"正好冉冉升起；此后月轮渐亏，二十二三在后半夜出现的"半个月亮"称为"下弦月"；再过四五天，就只能在黎明时分的东方天空中看到一弯"残月"了。宋代沈括在《梦溪笔谈》中已准确地描绘了月相变化的成因："月本无光，犹银丸，日耀之乃光耳。光之初生，日在其旁，故光侧而所见才如钩；日渐远，则斜照，而光稍满如一弹丸。以粉涂其半，侧视之，则粉处如钩；对视之，则正圆。"浑若一份精彩的实验报告。

沈括雕像

千里共婵娟 "婵娟"原指"嫦娥"，转指月亮。此句原说亲人远隔千里，总算还能共享明月清辉。不过，世界上不同经度的地方在同一时刻看到的天空景象互有差异——这就是所谓的"时差"。例如，当北京明月中天时，在伦敦月亮却尚未东升。可见"千里"之外的亲友还未必真能"共婵娟"呢。

阅读提示

本文节选自《梦天集》，湖南教育出版社1999年版，第263～266页。
背诵苏轼的这首词。"明月几时有"中"几时有"的科学含义是什么？人类登月至今已经有多少年了？我国已经启动了登月计划，你对此有何设想？人类中的一部分未来会移民月球吗？

写在珍妮讲演之后

郭 耕

> 每个人关心,每个人行动,每个人都有影响力。
> ——珍妮·古道尔

那天,听女儿说他们班要去听外国专家讲课,我觉得挺可笑,怀疑一帮小学生能否听懂。女儿回来后兴奋地说,是世界著名的女动物学家珍妮·古道尔为他们手拉手地球村学校的小学生们讲课,并努起小嘴,一遍遍地模仿黑猩猩的呼唤。我顿时心领神会。这是多么熟悉的声音,不仅因为我养过几年黑猩猩熟知其音,而且去年此时,珍妮·古道尔首次来华,我在环保宣教中心就耳闻目睹了她的讲演。虽事隔一年,她的风采与音容依然清晰如昨。当我把我与珍妮的合影、珍妮寄给我的明信片一一给女儿看后,她竟欢喜得像只小猩猩,手舞足蹈地要把这些都带给同学们看,还唯恐同学不相信这是真的。

这是珍妮·古道尔第二次来华,她的日程仍然安

珍妮·古道尔

▲ 珍妮与黑猩猩

排很紧，1999年11月20日是她此行的最后一讲。北师大英东楼讲演厅内座无虚席，来自首都各高校环保社团的同学们聚集一堂，"自然之友"梁从诫会长再度友情出场，"舍命陪君子"为珍妮做翻译（梁先生由于在青藏高原参加藏羚羊保护活动，刚刚遭遇车祸）。我是一直站在后边听完讲演的，但珍妮还是在人丛里发现了我并让助手嘱咐我结束后留下。

讲演气氛十分热烈并在自由提问中达到高潮，风华正茂的大学生们纷纷发言表示对环保的关切、对动物状态的忧虑和对珍妮的爱戴。但梁先生恳请大家考虑珍妮的身体状况，讲座后不要让珍妮签字，不要围上来合影，大家只好满怀惆怅地默然离去。

我是一个幸运者，晚上参加了梁会长与珍妮等人在"自然之友"办公室的小小聚会。梁先生向珍妮逐个介绍了办公室的人员，深情地讲解

▽ 聪明的黑猩猩

了"自然之友"支持藏羚羊保护活动的照片。珍妮感慨万千，欣然提笔在自然之友留言簿上写下这样一席话："非常有幸能在自然之友办公室与各位相识，像此类能令人感到骄傲的自然保护组织实在不多，当然，自然之友便是这样的一个我引以为荣的组织。希望我们将能携手合作，共创一个共有的美好世界。"

晚餐会上，我发现珍妮与梁先生竟都是右臂有疾，一问才知珍妮由于不断地奔波于世界各地，太多太多的签名使她手臂难举，积劳成疾；而梁会长的手臂是在赴青海高原参加支持野牦牛队保护藏羚羊活动的归途中因车祸而伤。同是野生动物保护，一位在非洲为黑猩猩呼唤，一位在亚洲为藏羚羊呐喊，二位前辈年逾花甲，却都是出于对那些孤苦无告、无辜生灵的深切之爱，爱到成疾，爱到成伤……

虽不是首次与珍妮共进晚餐，可今天我刚刚知道她也是位素食者。在如此纯粹的自然保护人士面前，我自惭形秽。大家围坐一桌，畅所欲言，话题涉及环境、动物、文化、宗教、教育等，气氛时而肃穆，时而轻松。晚餐结束之前，珍妮给我们讲了一个刚发生不久的故事。在上月台湾大地震中有兄弟二人被压在倒塌的楼房废墟下。时间一天

▲ 珍妮在非洲和黑猩猩亲密合影。

▲ 珍妮逐渐了解了她观察的黑猩猩，黑猩猩也想参观一下她的家。

▲ 珍妮在给失去父母的黑猩猩喂食。

科学并非绝对正确

天地过去了,兄弟二人互相慰藉,在黑暗中苦熬着。"哀莫大于心死",哥哥悲观地几乎丧失信心,弟弟便一再地鼓劲。恰在这度日如年的时光里,还赶上哥哥过生日,弟弟便把自己心爱的项链送给哥哥做生日礼物。后来可以说他们不是凭体力而是凭毅力才坚持活了下来。也许是他们的坚忍意志感动了上苍,昏昏冥冥之中似乎有人说话:"冰箱后边有个出口。"于是二人终于奇迹般地得以生还。讲完故事,珍妮向我们亮出了一条曾作为那位哥哥生日礼物的金光闪烁的项链。这是那位哥哥后来送给她的。当然她又把这闪烁着伟大坚毅精神的故事送给了我们,并鼓励我们:

▲ 亲密的黑猩猩母子

▼ 珍妮在给黑猩猩拍照。

▲ 珍妮与黑猩猩相处融洽。

艰难困苦并不可怕，可怕的是悲观失望。今天自然保护思想的推广虽然很难，只要顶住社会的压力、物欲的诱惑、世人的误解，坚持下来我们总能熬到成功的那一天。

为了这个世界有一个美好的未来，为了在青少年中推广她的"根与芽"项目，第二天一早，珍妮又将踏上行程，飞赴欧洲，继续她那"布道"之旅。此际我的耳畔再次响起她那铮铮有声的绿色箴言："唯有理解，才能关心；唯有关心，才能爱护；唯有爱护，才能都被拯救！"我注意到，以前她写的最后这句话是："唯有爱护，才能拯救。"但经她改为"才能都被拯救"之后，便有了更深的含义：如果原意仅指拯救动物，那么现在则强调了包括对人类在内的一切生灵的拯救，从这点来说，动物保护行为何尝不是人类的一种自赎、自救呢？

本文节选自《鸟兽物语》，北京出版社2003年版，第224～226页。

你以前听说过关于珍妮·古道尔的故事吗？珍妮讲的故事对于我们坚定自然保护的信心有帮助吗？我们每个人的力量都是渺小的，但是合起来、坚持下去，就是很大的力量。最后一段的"绿色箴言"中，先写上"理解"和"关心"，为什么？

群居与巢穴

[美] 魏 德

但新的研究表明，除蚂蚁、蜜蜂、黄蜂、白蚁外，还有其他好多物种在过这种群居生活。它们放弃自己繁衍后代的机会而专门抚育他人的后代。

科学家已经发现了两种很小的蓟马属昆虫也在过着群居生活。它们把家安在树洞里，洞口有全副武装的没有生育能力的"士兵"把守。这些士兵誓死抵御外敌入侵，保护自己神圣的家园。还有一种棘胫小蠹甲虫，它们把家安在尤加利树的很深的树干里。棘胫小蠹甲虫家族中的"士兵"从不生育后代，它们唯一的职责就是把家布置得像迷宫一样，以防外敌入侵。

此外，栖息在树上的蚜虫和无毛的瞎鼠也过着群居生活。这些新被发现的过群居生活的动物为科学家们提供了丰富的研究资料，他们甚至乐观地认为，自然界还存在更多的群居动物。

"将有更多的动物被证明是过群居生活的。"英国哥伦比亚西门·弗

蚂蚁放牧蚜虫

雷泽大学的进化生物学教授勃尼·克莱皮博士讲道。他发现了过着群居生活的蓟马虫。他说："人们总是认为自然界的奥秘已经被人类发掘得差不多了。事实远非如此，还有很多等着我们去发现。"

澳大利亚新南威尔士州森林委员会的研究员德伯诺·S.肯特在一次偶然的机会发现了营群居生活的棘胫小蠹甲虫以及它们的自我牺牲精神。

肯特女士说："我们根本没想到会发现棘胫小蠹甲虫的这种群居生活方式。我们之所以对它加以研究，是因为40年来它们一直在破坏尤加利树的种植和生长，影响了经济的发展。其实人们早已对其进行过研究，只是没发现这一点。事实上，观察得越仔细，得到的也会越多。"

牛津大学的生物进化学专家威廉·汉密尔顿是动物群居研究领域的先驱。他对这种群居现象肃然起敬。

他说："这是社会化的最高形式。这也是棘胫小蠹甲虫能在偌大的热带雨林中生存的原因。除了人类以外还没有谁能做到这一点。正是棘胫小蠹甲虫的这种高度组织性使它们能够成功地生存下去。"

汉密尔顿博士是看似矛盾的群居现象的最早研究者之一。他想揭示这一矛盾：任何生物都在为生存和繁衍而斗争。为什么会有这样一种自己不生育，而用自己一生的时间帮助别人生存的生物存在呢？

蚂蚁、蜜蜂、黄蜂都属于膜翅目。这个目下的遗传规律有些特殊。它们中的雄性只能从母亲那里遗传到正常染色体数目的一半，但

△ 蜜蜂社会示意图。

雄蜂　工蜂　蜂王
蜂蜜　花粉　幼虫　蜂王乳

▽ 甲虫

科学并非绝对正确

它们当中的雌性在正常情况下会从父母那里各获得一套染色体，而不是像雄性那样只得到一套。

汉密尔顿博士首次提出，这种不正常的遗传规律导致的直接结果就是：在整个家族中，雌性与其姐妹之间的联系要比她与自己孩子之间的联系密切得多。因为她的遗传基因中有四分之三与她的姐妹相同，而只有一半与自己的后代相同。因此，为了把自己更多的基因繁衍下去，她们宁愿守在家里，守在母亲的巢穴中，帮助母亲繁衍和抚育自己的姐妹，而不愿自己去繁衍后代。

这一解释对于研究群居现象来说是一个突破，但并非全部。膜翅目昆虫都有同样的遗传机制，但它们并不都过群居生活；白蚁、无毛瞎鼠、棘胫小蠹甲虫，它们都有来自父母的正常数目的染色体，但它们也过着群居生活。所以科学家们正在努力寻找除了遗传基因以外促使它们过群居生活的其他原因。

新发现的这些看似矛盾的群居生活的案例暗示我们，答案可能就在它们的家。随着更多的群居物种被不断地发现，研究人员发现，它们的一个相同点就是，它们的居所就是它们的食物来源。这个家需要它们穷其一生来建造和维持。为了保护这个家，它们甚至可以牺牲生命。在临近沙漠的澳大利亚南部，洋槐是一道不可多得的风景。这些

▲ 一只蚜虫即将成为瓢虫的美餐。

▲ 蓟马虫

洋槐被一些像小足球似的突起点缀着。这些突起就是过着群居生活的两种蓟马虫的家。

还在生长的初期，只有八分之一英寸长的雌性蓟马虫就早早地爬到洋槐树上，吃洋槐树那叶子般的茎。被咬噬后的茎逐渐膨胀成球，像足球一样把蓟马虫裹在其中。这样，蓟马虫就和她的后代躲在这个充满食物的天然洞穴中。它们既有粮食吃，又防止了天敌的偷袭。它们的后代中，有的长有巨大的前

腿，上面有锋利的匕首，用以杀死企图入侵的敌人。

蓟马虫能在洋槐上筑巢的时期是很短暂的。最适宜的时期过后，还没有筑巢的蓟马虫就会侵略其他蓟马虫建的巢穴。

蓟马虫在不断抵御入侵者，其中有些是不劳而获的偷窃他人巢穴的蓟马虫，也有些是前来进犯的蓟马虫的天敌。

为了誓死捍卫整个家族的保护伞——它们的洞穴，蓟马虫和其他群居昆虫不断进化，过着同舟共济的群居生活。

相类似的，亚利桑那大学进化生物学家南希·墨仁博士发现，蚜虫也在巡逻守卫着它们的家。它们把家建在亚利桑那州的白杨树上。它们的巢穴既是居所，又是它们的食物来源。

蚜虫的巢穴只有一个出口。这个出口的大小正适合让一个蚜虫出去执行巡逻任务。当有外敌入侵时，驻扎在巢穴里的数以千计的蚜虫会倾巢而出，向敌人发动进攻。它们会把吸食食物时用的口器插入人体或其他来犯的昆虫体内。还有些蚜虫用头上的角去阻击敌人。

▼ 著名画家赛尚的作品《白杨树》

"看到它们我兴奋极了。"墨仁博士谈起北美洲的这些群居蚜虫时讲道,"以前人们觉得奇怪,因为在北美,除了白蚁外再没有发现别的什么群居昆虫。显然,那里还会有很多发现,只要派出人去找,去寻觅,就会找到。我也是漫步时才发现它们的。"当雌性棘胫小蠹甲虫建立自己的群居王国时,开始只有她一个在工作。她要用六个月的时间才能开通树中巢穴的入口。通常一年后她才能产卵繁衍后代,这些后代就可以帮助她进行这个"建巢"工程了。

肯特女士认为,棘胫小蠹甲虫这个名字是根据神灵们的美食命名的。因为生物学家们当时尚未发现它们以何为食。现在,研究人员发现,棘胫小蠹甲虫是以一种真菌为食。这种真菌是它们在其精巧别致的洞穴中培育出来的。肯特女士把这种真菌描述为挂在它们墙上的一块黑色的装饰布。

研究人员是如何找到棘胫小蠹甲虫的洞穴的呢?它们的洞穴通常有狭窄的入口,由尤加利树脂构成的小道弯弯曲曲,并向外突出,像发出的芽。为了取出甲虫样品来观察其生活习惯,又不能砍死树,研究人员不得不锯掉树的枝杈。通过对300多个甲虫种族居所的观察,肯特女士发现,棘胫小蠹甲虫在洞

▲ 瞎鼠

▲ 瞎鼠的巢穴

内举行的"菌展"可以保存40年。那么,甲虫们以及它们的"虫王"能活多久呢?这人们就不得而知了。

棘胫小蠹甲虫洞内的真菌既是它们的食物来源,也是它们的保护伞。肯特女士认为,在她研究的诸多洞穴中,只有一个遭到了天敌的入侵。

无毛瞎鼠的生活在《无毛瞎鼠的生物学研究》一书中有详细论述,它们也有山洞隧道一样的巢穴,就是在这样的巢穴中,它们繁

衍了一代又一代。无毛瞎鼠过去对人类来讲很神秘。现在，它们却被摆放在动物园里，任人们观赏。它们机灵，但却丑陋，是目前所知的唯一过群居生活的哺乳动物。

这些长着鲍牙的啮齿类动物在东非的萨瓦那挖掘地道作为巢穴。它们在这里建有自己的王国。这个王国由能够生育的"鼠后"来领导，还有几个种鼠作为"亲王"。仅在一个巢穴中，无毛瞎鼠就可繁殖300只。但其中的绝大多数不再繁殖后代。

对于出现群居现象的原因，科学家们还有很多疑问。特别是哺乳动物中，只有无毛瞎鼠过着群居生活。为什么其他哺乳动物（包括人类）没有这种自身不育、毕生勤劳的社会分工，没有过这种完备群居生活呢？

阅读提示

本文节选自《百变精灵：昆虫》，纽约时报科学版丛书之一，赵沛林等译，长春出版社2001年版，第195～200页。

请列举几种你周围的群居生物。膜翅目昆虫（蚂蚁、黄蜂等）遗传上有什么特点？蓟马虫在什么树上筑巢？

科学并非绝对正确

出发前的达尔文

[美] 斯 通

达尔文拆开信,发现里面又分成两封,一封是剑桥大学的亨斯洛教授写来的,另一封则来自三一学院的研究员乔治·皮科克。皮科克是朗德天文学讲座教授职位的候选人,查理在亨斯洛举办的周五晚会上见过他。

他先看的是亨斯洛的信。看着看着,他的手颤抖起来了。

亲爱的达尔文:

我希望尽快见到你,同时热烈盼望你将热切地接受这一邀请,它大概可以使你到火地岛旅行一次,然后经东印度群岛回国。政府已聘请菲茨罗伊舰长去测量美洲的南端,皮科克叫我推荐一位博物学家随同菲茨罗伊前往。这封信由皮科克看后再由他从伦敦转给你。我已向他说过,在我所知道的可能接受这一工作的人们之中,我认为你是最合乎条件的。我这样说并不是假定你是一个成熟的博物学家,而只是认为你具备充分的条件可以去搜集、观察和注意博物学中任何值得注意的新事物。

约·斯·亨斯洛
1831年8月24日于剑桥

三一学院

△ 达尔文的外祖父母一家在家族花园中。

看完信，达尔文脸色发白，眼睛也模糊了。

接着他又打开皮科克的信。

亲爱的先生：

昨夜接亨斯洛来信，但因天晚，无法即交邮班转去，我对此事并不感到遗憾，因为这样我才得到了在海军部见到博福特上校的机会，面陈我准备向您提出的建议。他表示完全赞成，所以您可认为您完全能够自行决定是否接受这项职务。我相信您会接受这项职务的，因为这是不应错过的机会，同时我以极大兴趣期待您的工作将会为我国博物学的采集工作带来益处。

乔·皮科克

达尔文吃惊得不知所措了。在事情没有任何迹象的情况下，他竟接到了去进行一次环球航行的邀请……担任博物学家！真令人难以置信！他用不着为等一项教区任命而闲坐几年，他就能去亲眼看看南美洲、安第斯山脉（洪堡把它描写得那么激动人心）、地球顶端的火地岛，还有印度洋……这突如其来的消息使他吃惊得头晕目眩了。

三个姐妹都已经把两封信看完了。她们一个个呆呆地瞪大了眼睛看着他，有的似乎还不相信，有的好像担心，表情不一。查理在花房里踱

▲ 童年时的达尔文和妹妹

起步来。他一激动就喜欢来回走动。在家里掌管大权的卡罗琳好意地劝道：

"你可不能接受这次邀请啊。要去两年，到火地岛，在危险的海上航行……"

"干吗不接受？"查理打断了她的话。他并没怎么生气，而是觉得惊讶，"这是一生难得的机会。要是不去，以后我怎么能周游世界呢？"

凯蒂问道：

"可你能胜任这样重要的工作吗，查理，因为你过去收集过那么点甲虫？"

"亨斯洛说我能胜任。皮科克显然也同意他的看法。"他脸上激动的神情消失了。他哈哈一笑，又说，"我是个不成熟的博物学家。"

他一屁股坐在柳条椅上，把两条长腿在面前伸开。他说话时，尽量提高了嗓门：

"首先我们得搞清楚什么叫博物学家。当然，这谁也不真正知道。一个博物学家，就是一个对一切生物，包括植物和动物，进行观察、研究、采集、描述和分类的人。"

他从椅子上站了起来，眼睛炯炯闪光，声音颤动：

"九岁那年，我进牧师凯斯先生的全日制学校，那时我对博物学已经很感兴趣了。我试着辨别植物的名称，还收集各种小玩意儿，什么贝壳啦，硬币啦，矿石啦……"

"……还有几条黏乎乎的动物，你拿到我的房间去了。"凯蒂大着胆子笑道。

"……收集的热情在我身上非常热烈，显然这是天生的。你们几个女孩子，还有拉斯，丝毫都没有这种热情。"

"我们觉得家里有一个糊涂虫就已经够意思了。"苏珊讽刺地说道。

"没错！后来我去爱丁堡大学念了两年书。姑且承认我的外科课程和演讲课程的成绩都不怎么样。我的主要精力都放在课外活动上了，可是教授们对我在他们的课堂以外干了些什么根本不感兴趣。我碰上了一些完全不同的人，有年老的，也有年轻的。我们聚集在一起，因为我们有着共同的爱好。"

达尔文兴高采烈地讲述了自己与爱丁堡大学博物学陈列馆的两个年轻博物学家的交往以及参加沃纳博物学会会议和加入普林尼学会的动人故事。

"后来我就到剑桥大学上了几年,遇到了亨斯洛教授,去了上百趟沼泽地带采集标本,"他的声音是如此一本正经,以致变得严厉起来,"我着急的是到现在还没能说服你们,到爸爸那里怎么才能说通呢……"

前面传来关大门的声音。卡罗琳跳起身来。

"最好还是让我先去看看爸爸的脸色怎么样。要是他还像前几天那么疲倦,或者因为死了一个病人而闷闷不乐,我劝你还是把信和说服工作留到明天上午再说。等他散步回来,他会容易说通一些的。亲爱的查理,你得承认,这件事可真有些惊人呢。"

第二天早晨达尔文陪着爸爸从"医生散步的小道"穿过住宅下面的树林,沿着河边一直走到他们家庄园的尽头,然后回来,走得十分轻快。

查理耐心地等待着时机。

"爸爸,我接到了一项极不寻常的邀请。"

"哦!什么邀请?"

"以博物学家的身份去周游世界两年。"

"博物学家?你是什么时候变成博物学家的?"

查理不禁脸红了。

"噢,不能算成熟的博物学家。只不过有一些野外工作的经验,还有钻研的能力。"

"是哪儿发来的邀请?"

"我们的皇家海军。"

罗伯特·达尔文医生惊愕地看

▽ 年轻时的达尔文画像

科学并非绝对正确

着儿子。

"你得到皇家海军的军官资格了?"

"……没有。我是以平民身份去旅行,但是参加海军的勘察航行。"

达尔文医生瞪大了眼睛。

"查理,你最好从头讲起。你是什么时候接到这项稀奇古怪的邀请的?"

"昨天晚上。我刚从北威尔士回到家的时候。"

"昨天晚上你为什么不告诉我?"

"您的病人死了,心情不好……他是老死的,可您还是难过。"

"这是个荒唐的计划!"

"荒唐?怎么可能呢?英国皇家海军的这次正式远航是荒唐的吗?"

"这对于你将来当牧师是件不名誉的事情。"

"……不名誉……"这句话使查理惊呆了。他站起身,激动地走到俯视工具棚的大凸肚窗前;片刻,他觉得不妥,便又回到了桌旁。

"亨斯洛教授是不会建议我去参加一次没有经过慎重考虑的远航的,这条船配备的船员都是很好的。"

"事情来得这么急,似乎这个博物学家的位置在找你之前已经找过别的人了。别人都没有接受,看来不是那条船、就是这次远航有严重的问题。"

"这我无法回答。我不知道。不过不见得就一定是有问题。"

"在两年航行中你的生活条件会非常差。"

查理满不在乎地挥了一下手。

达尔文医生直瞪瞪地瞧着儿子的脸。

"我将把这件事看做你再次改变你的职业。从今以后你就很难安下心来过严肃的生活了。"

查理揉了揉双眼,仿佛这样能使脑子清醒一些似的。

"我是决意要当牧师的。除了进入宗教界,我没有别的打算。您

▼ 达尔文的乡间居所——唐恩花园,位于现在伦敦郊区的唐恩镇。

经过几十亿年的演化,生物才有了今天的繁荣景象。

自己说过,要找一个教区至少得等两年。您同意了我明年夏天去特纳里夫岛旅行的计划。得到了您的鼓励后,我甚至找到一位伦敦的船运商人给我开了介绍信,并且定好了明年 6 月的随船起航日期。"

达尔文医生脸上的红色都消失了。他显得苍白而心神错乱,眼睛半闭着。他颓然靠在自己的大椅子上。

"这次旅行是一点好处都没有的。"

查理的希望破灭了,觉得自己仿佛缩小了一半。他声调沉重地说:

"爸爸,您不同意,我去了也没意思。那会使我失去所有的热情和精力,而旅行中又非常需要热情和精力的。"

"我并不是坚决反对你去。我只是告诉你,我极力劝你不要去。"

"假如我不听您的劝告,我内心会很不安的。您一向疼爱我,慷慨地支持我,我愿意听您的话。"

达尔文医生站了起来。这意外的不愉快事情似乎使他疲倦了。

"查理,我不是对你苛刻。如果你能找到一个明白人支持你去,我也会同意的。"

最终,达尔文还是成功地登上

"贝格尔"号

 1831～1836年，英国皇家海军考察船"贝格尔"号在进行前所未有的最重要的科学航海活动的过程中，对南美洲海岸进行了广泛的考察，同时还访问了加拉帕戈斯群岛。图中红线代表船只的路线。

贝格尔号周游了世界，正是这次考察为他创立自然选择进化论奠定了基础。

阅读提示

本文节选自《达尔文传》，叶笃庄等译，北京十月文艺出版社1999年版，第46～55页。文字略有改动。

本文作者斯通（Irving Stone，1903—1989），美国著名传记作家，一生写过25部传记小说，如著名的《凡·高传》。

达尔文上船时是一名真正的博物学家吗？查理的父亲是做什么工作的？查理的父亲原来就希望查理成为一名生物学家吗？当年达尔文乘船的大致路线是怎样的？你知道达尔文1859年发表的重要著作叫什么名字吗？

狱中生态

杜 宣

一、四只蚊虫

我被押进一幢新建的秘密监狱,两个凶神恶煞的家伙,将我推进一间极小的单人牢房后,砰的一声就将门锁上了。从此我就失去了自由,成了囚犯。由于关门,小牢房中空气受到震荡,原来有四只大蚊虫叮在天花板上,打算偷偷地度过一个宁静的冬天,被这突然袭击的气浪骇得惊惶失措,在四壁上撞来撞去。

这时我环顾了一下我的新居,真是四壁萧然。除了地上一张草垫外,一无所有。我就坐在草垫上,回想刚才这批家伙对我的突然袭击,用绑票的手段,将我投进这所秘密监狱的经过。但这四只蚊子,就不停地在眼前飞来飞去,干扰了我的思路。

可能这间阴冷的牢房,长期没有住过人,也可能由于我身体散发出的热量的缘故,这四只蚊虫,不断在我身边盘旋,甚至还有想对我进行突然袭击的样子。一切生命都有保持自己抵抗外来侵略的本能。当时我想,现在我处在这监狱中,必须要加倍地珍惜我的健康和生命,我要准备进行韧性的战斗,这四只蚊虫,居然想乘人之危,实属可恶,必须消灭它们。于是我起身来追逐这四只蚊虫。由于天冷,它们飞翔的能力很弱。很快地我就得到了全歼的战果。当我又坐回到草席上

▲ 蚊子

▲ 蚊子化石

的时候，却没有得到胜利的愉快，相反的反而感到怅然若失。

现在这间与世隔绝的小囚室中，除了我之外，就没有第二个生命了。我感到深沉的孤寂，我后悔刚才的孟浪，如果四只蚊虫还在的话，这室内多少还有些生机啊！

二、一只红蜘蛛

天气渐渐暖和了，单身囚徒的生活，也逐渐习惯了。自从蚊虫被我消灭后，我一直想在这室内再寻出其他的生命。经过长期多方努力，有一天，我居然发现了奇迹。在水泥墙地脚的裂缝中，看到一只像红宝石一样晶莹的小蜘蛛，它只有绿豆那么大小。当时喜悦的心情，是很难形容的，我高兴得几乎要大叫起来。因为敌人是要我孤独，将我投入在这间密封得像罐头一样的小囚室中，使我与世隔绝。现在，除我之外，又有生命，我已经不孤独了。在我的生活中，霎时间添上了无限生机。

这以后我就以观察小蜘蛛来排遣我的岁月。开春天气虽然开始回暖，但还是乍暖还寒的时节，小蜘蛛极少出来活动，有时偶然出来侦察一下外界环境，也限于在裂缝旁边。只要有一点使它感到异样时，它就立即缩回到裂缝中。裂缝是它的家，它回到裂缝中，缩着不动，表现出一种安全感。有时，我被提审，一回到囚室中，第一件事，就是去看小蜘蛛。一看它安然无恙，我就感到莫大慰藉。

后来，天气渐渐暖和了，小蜘蛛的活动也就频繁了，不像过去随时可以在裂缝中找到它了。但我还是能找到它的，因为它的活动，基本上是有规律的。天热了，小蜘蛛完全不像过去那样温顺，它的矫健、敏捷和勇猛，使我为之失色。有一次，我忽然看到它，极其迅速地朝着一个方向前进。我顺着方向看过去，一只大蚊虫正停在它的正前方。还没有等我看清楚时，它以料想不到的敏捷跳在蚊虫旁边，立刻我看不到小蜘蛛了，只看到一根红线在蚊虫身边飞转。一会儿，红线不见了，却看到小蜘蛛咬着蚊虫，蚊虫的脚上，缠满了蛛丝。这真是惊心动魄

蜘蛛

▲ 蜘蛛结网

的一场袭击啊!

三、两只小鸟

我的小囚室,面向西北方。下午可以挂上点偏西的太阳。有扇较高的小窗户,从那里我可以看到一块很小的天空。这是十分难得的,我不仅可以从那儿看到阴晴的雨雪,更重要的,是通过这一角天空,我和外界联系起来了。我可以看到监狱四堵墙外的一块自由天地了。我的思想就可以通过这一小块蓝天,自由地飞翔了。如果没有它,我想我在狱中的生活,那会更加郁闷。

更重要的,还不止这个。窗外远处还有一根电线,电线柱子看不见。只能看到凌空的一段线,而且只有晴天才看得清楚,阴天就看不见了。

大约每天下午两三点钟的时候,就有一对小鸟停在那电线上,除了暴风雨或暴风雪外,每天这个时候,它们就来了。而且一来,必定是一对。从前听说,鸟有鸟道。这话的确是有道理的。据此,我认为这可能是它们归途的一个休息站,因为它们只在下午两三点钟才来这儿。我这座监狱四周都是水稻田,它在这一带是很突出的。这对鸟儿,可能就是用它来作为认路的标志。

▲ 一对幸福的小鸟

科学并非绝对正确

▲ 鸟妈妈正在给她的孩子喂食。

这是一对幸福的小鸟。它们凌空展翅，比翼双飞。它们停下来休息的时候，总是不停地相互用嘴为对方梳羽毛。有时还歪着脖子，彼此看着。也有时，像打情骂俏似的，啄一口对方后，立即扑着双翅逃走，对方就跟着去追逐它，然后彼此在电线附近，上下翻飞……

我十分喜爱这对小鸟。每天一到下午我就等待它们。看到它们来了，我心里就高兴，好像看见自己的亲人战友一样。

我十分喜爱这对小鸟。一看到它们，我就忘记了当时我的处境。

我完全沉醉在它们幸福和谐的生活中了。我感谢它们，因为它们带给了我对自由美好生活的向往。

人要求过着美好和谐的生活，这是正常的。这个愿望应该得到保障。我们认为人压迫人、剥削人，这是罪恶。我们就反对他，打倒他。目的也就是为了保障我们美好和谐的生活。

"四人帮"被打倒后，有的读者要求我写点受"四人帮"迫害的作品。"四人帮"是人世间最丑恶的东西。我希望读者从文学作品中，多得到点美的享受，所以我不愿写它。

但"四人帮"的罪恶绝不能遗忘，遗忘就意味着背叛。因此我就写了这篇短文。

我们这一代人，没有及时制止"四人帮"，我们的确有愧；但我们这一代人，毕竟亲手粉碎了"四人帮"，我更引为自豪。

阅读提示

本文选自《中国现当代散文三百篇》，卷二，林非选编，中国社会科学出版社2003年版，第418～422页。

作者杜宣，1914年生，江西九江人，作家。

作家在狱中为什么有心情观察其他生物？对蚊子、蜘蛛、鸟的描写，哪一个最吸引你？作者为什么不直接书写"四人帮"的罪恶？小朋友们可能不知"四人帮"是怎么回事，可向大人们打听。

榆树开花的时候

杲向真

童年时代，我最盼望着的是故乡的春天。

一提到春天，便会使人想到那些花红柳绿、翠峰清流的美丽景色。不，我的故乡是一个贫瘠的乡镇。贫瘠的土地、贫瘠的空气、贫瘠的生活，连春天也是贫瘠的。我盼望春天，不如说盼望榆树开花，榆树的花朵——榆钱，是我童年生活中不可缺少的粮食呢。

榆树开花

我们小镇北边的土围坡上，有一株粗壮高大的老榆树，这是我童年时代在故乡见到的唯一的一棵榆树。春天榆树的枯枝在温暖的微风中变得细柔轻软，随风摇曳，悄悄染上了绿色。接着枝条上的苞蕾张开小嘴，吐出嫩芽。这时，老榆树下一片欢腾，十来个手足皲裂、蓬头垢面的孩子，挎着篮子提着布兜，有的在肩上搭一块布巾，嬉笑打闹地聚在老榆树下。等锁柱一到，男孩子们便"噌噌"地爬上树，把采到的榆钱扔下来，女孩子在树下张着衣襟接着，把榆钱聚集在一起，然后按人头平均分成十来份，每人都能得到一份。起先可不是这样的，为争夺榆钱，打得头破血流。男孩子争先恐后地往树上爬，女孩子用竹竿打，也有的用石块砸。有的男孩从树枝上摔下来，跌得青一块紫一块，有的被石块砸伤了眼睛。是锁柱想出了这个办法，叫男孩上树，女孩收集，然后大家均分。大家都听他的指挥，从此榆树下的争吵

榆钱

成了一片欢腾。

　　锁柱是一个十岁的男孩，和我表姐桂莲同年，个头比我桂莲姐矮一点，却很壮实。很小的时候我就认识他了。夏天我常看见他在河湾里捕鱼捞虾，浑身湿漉漉的，紫铜色的皮肤在阳光下闪闪发光。采集榆钱的时候，锁柱哥和桂莲姐总是很自然地组成了一个小组，锁柱哥把摘到的榆钱向下一撒，就撒在桂莲姐的衣襟里了。锁柱哥身体轻捷，手脚灵敏，桂莲姐衣襟里的榆钱，也总是比别人的多。桂莲姐红润的脸上洋溢着微笑，那一双清秀的眼睛里闪烁着美丽的光辉。

　　春天桂莲姐采集榆钱的时候，也带着我，那时我只有五岁，还没有到能够提篮挎筐的年岁。每当哥哥姐姐们忙着收获榆钱的时候，我便同另外三两个跟我一样大小的孩子一块玩耍。我们爬上围墙下的土坡，从坡上打着滚溜下来，再爬上去，再溜下来。淡黄色的尘土裹住我们的身子和笑声，和采集榆钱的大哥哥大姐姐们被裹在绿色中发出的笑声一样欢乐、悦耳。

　　在这些大哥哥大姐姐们当中，我最喜欢锁柱哥，他每次都把自己分得的榆钱抓一把悄悄地放在桂莲姐的篮子里。有时候被我看见了，他就对我挤眼睛皱鼻子地暗示我不要声张。在回家的途中，我喜欢让他背着，他也乐意背着我。要是他不肯背我，我就让他弯下腰，在他耳边悄悄地

▼ 一棵茂盛的榆树

榆钱

说:"你不肯,我告诉桂莲姐啦。"锁柱哥怕桂莲姐知道他抓了一把榆钱放在她的篮子里,就只好背着我走了。一次锁柱哥背着我走在最后,他问道:

"二丫头,你喜欢桂莲姐还是喜欢我?"

"喜欢桂莲姐。"

"为什么?"

"她是我姐。"

我觉得他的脚步轻快起来,嘴里还哼着快活的小曲。但是他却假装生气地说:

"好,你不喜欢我,我不背你了。"

"我也喜欢你。"

"为什么?"

"你给我桂莲姐抓了一把榆钱。"

到了1929年,我已经九岁了。榆树吐芽的一天,我们又聚集在土围墙边了。我已经能挎着篮子,当年和我一道滚土的孩子,也都成了上树的好手。只是那些岁数比较大的哥哥姐姐们不再来了。我姑妈说

科学并非绝对正确

桂莲姐已经十四岁，是个大闺女，不好再在外面"野"。锁柱哥也不来了，他在小镇上一家布店当了小学徒。一次我从布店经过，锁柱哥喊住我，问：

"你桂莲姐在家干嘛？"

"蒸高粱馍呢。"

"有榆钱吗？"

"有，我如今能上树了。"

"可别往细枝儿上爬，当心断了枝儿摔下来。"

"知道了。"

有一天桂莲姐让我揣了两块高粱馍送给锁柱哥，高粱馍里有我摘的榆钱，我高兴啊！一路上飞也似的跑了。进了布店，不见锁柱哥站在柜台里边，只有大伙计一个人脸色愁闷地站在那里。我正要问大伙计，从柜台里边的一张椅子上站起一个人来，手里拄着杆步枪。他气势汹汹地问：

"你找谁？"

"我锁柱哥。"

"你是他什么人？"

"不是他什么人。"

"好狡猾的丫头，你怎么认识他的！"

"在土围墙的老榆树下。"

"老榆树下？好啊，他对你说过些什么？"

"他叫我不要往细枝儿上爬，别摔下来。"

"你找他干什么？"

"给他榆钱馍，我桂莲姐做的。"

那人把枪搂在怀里，拿去我的高粱馍。他把高粱馍掰成几瓣儿，又在手心里搓着。我看着他把高粱馍揉成碎末，撒满了一地，真心疼啊。我恨死他了！要是能咬死他，让我变成一只狼我也愿意。我眼睁睁地看着他糟踢了高粱馍，那是桂莲姐亲手做的，里面还有我采集的榆钱呢。我伤心地哭了。

"还哭什么？快回去吧！"大伙计说。

"我锁柱哥呢？"

高粱

"不知道。"大伙计说。

"你锁柱哥是个小赤色分子，他被抓走了。"那个持枪的人说。

"赤色分子？"我的头"嗡"的一声涨大了，变得沉重起来。在那些日子里，我们常听人说"赤色分子"这几个字眼儿，一些当差人在街头宣传，公开地骂赤色分子，说赤色分子烧杀抢掠，无恶不作。有些人听了骂赤色分子就咧咧嘴，一声不响地走开了。我那时还没有见过有人公开说赤色分子好的，可是锁柱哥怎么会是赤色分子呢！

"你胡说！"我气愤地大叫起来，"锁柱哥是好人！"

"小丫头还犟嘴？"持枪的人说，"你再犟嘴连你也抓起来。"

"快回家去，走，走。"大伙计一面说一面从柜台里边走出来，用手托着我的后脑勺，把我推出店门。

我哭着跑回家，把经过告诉了桂莲姐，我想她一定也会大哭一场，但桂莲姐没有哭，只是苍白的脸上罩上了一层深重的忧郁。

榆树盆景

不久，我的母亲去世了，我也离开了故乡。每当榆树开花的时候，我总能听见一片欢腾的笑声，也总抹不去深印在我脑海里的那一张苍白的忧郁的脸庞。

本文选自《作家童年散文百篇》，重庆出版社1988年版，第522~527页。

作者果（gǎo）向真，原名果淑清，女，江苏邳县人，儿童文学家，1920年生。她的童年在穷困的乡村度过，母亲去世后兄妹三人被南京贫儿教养院收养。

你见过、采过、吃过、种过"榆钱儿"吗？榆钱很容易种出芽并长成小树的，你可以亲自试一试。注意学习文中对话的朴素、真挚的写法。

榆钱

科学并非绝对正确

绵绵土

牛汉

那是个不见落日和霞光的灰色的黄昏。天地灰得纯净，再没有别的颜色。

踏上塔克拉玛干大沙漠，我恍惚回到了失落了多年的一个梦境。几十年来，我从来不会忘记，我是诞生在沙土上的。人们准不信，可这是千真万确的。我的第一首诗也是献给没有见过的沙漠的。

年轻时，有几年我在深深的陇山山沟里做着遥远而甜蜜的沙漠梦，由于我的家庭的历史与故乡人们走西口的说不完的故事，我的心灵从小就像有血缘关系似的向往沙漠。我觉得沙漠是世界上最悲壮最不可驯服的野地方，它空旷得没有边沿，而我喜欢这种陌生的境界。

此刻，我真的踏上了沙漠，无边无沿的沙漠，仿佛天也是沙的。全身心激荡着近乎重逢的狂喜，没有模仿谁，我情不自禁地五体投地，伏在热的沙漠上。我汗湿的前额和手心，沾了一层细细的闪光的沙。

半个世纪以前，地处滹沱河上游苦寒的故乡，孩子们都诞生在铺着厚厚的绵绵土的炕上。我们那里把极细柔的沙土叫做绵绵土。"绵绵"是我一生中觉得最温柔的一个词，辞典里查不到，即使查到也不是我说的意思。孩子必须诞生在绵绵土上的习俗是怎么形成的，祖祖辈辈的先人从没有想过。它是圣洁的领域，谁也不敢亵渎。它是一个无法解释的活的神话。我的祖先们一定在想：人，不生在土里沙里，还能生在哪里？就像谷子是从土地里长出来一样的不可怀疑。

塔克拉玛干大沙漠中的驼队

云南红土

因此，我从母体落到人间的那一瞬间，首先接触到的是沙土，沙土在热炕上焙得暖乎乎的。我的润湿的小小的身躯因沾满金黄的沙土而闪着晶亮的光芒，就像成熟的谷穗似的。接生我的仙园老姑姑那双大而灵巧的手用绵绵土把我抚摸得干干净净，凑到鼻子边闻了又闻。"只有土能洗掉血气"，她常常说这句话。

我们那里的老人们都说，人间是冷的，出世的婴儿当然要哭闹，但一经触到了与母体里相似的温暖的绵绵土，生命就像又回到了母体里，才会安生地睡去。我相信，老人们这些诗一样美好的话，并没有什么神秘。

我长到五六岁光景，成天在土里沙里厮混。有一天，祖母把我喊到身边，小声说："限你两天扫一罐子绵绵土回来！""做甚用？"我真的不明白。

"这事不该你问。"祖母的眼神和声音异常庄严，就像除夕夜里迎神时那种虔诚的神情。"可不能扫粗的脏的。"她叮咛我一定要扫聚在窗棂上的绵绵土，"那是从天上降下来的净土，别处的不要。"

我当然晓得。连麻雀都知道用窗棂上的绵绵土扑棱棱地清理它们的羽毛。

▼ 塔克拉玛干大沙漠

两三天之后我母亲生下了我的四弟。我看到他赤裸的身躯,红润润的,是绵绵土擦洗成那么红的。他的奶名就叫"红汉"。

绵绵土是天上降下来的净土。这是从远远的地方飘呀飞呀地落到我的故乡的。现在我终于找到了绵绵土的发祥地。

我久久伏在塔克拉玛干大沙漠的又厚又软的沙上,百感交集,悠悠然梦到了我的家乡,梦到了母体一样温暖的我诞生在上面的绵绵土。

故乡现在也许没有绵绵土了,孩子们当然不会再降生在绵绵土上。我祝福他们。我写的是半个世纪前的事,它是一个远古的梦。但是我这个有土性的人忘不了对故乡绵绵土的恋情。原谅我吧。

科学并非绝对正确

阅读提示

本文选自《中国现当代散文三百篇》卷二,林非选编,中国社会科学出版社2003年版,第559~561页。

作者牛汉,山西定襄人,1923年生,诗人。

他讲的"绵绵"是什么意思?作者对尘土、沙漠有怎样的感情?

弱肉强食

流沙河

我在老家时，见邻居养母鸡三五只，日日获蛋，心窃慕之。冷眼旁观，养鸡也并不难，无非晨放夕关，日饲糠饭一钵而已。于是我家开始养鸡。

第一次养小鸡十余只。用提篮做鸡舍，傍晚一一捉入，放在室内。早晨倾篮而出，撒些拌糠的碎米，旁置清水一碗，便不管了。不满一月，纷纷病死于白痢。养鸡遂告失败。

第二次养小鸡又十余只。用竹筐做鸡舍，较宽敞，能通风。饲料用拌菜叶渣的沥米饭，易于消化。果然不再屙白痢了，长势颇佳。三个月后，冠肉、颈羽、翅翎、腿毛相继长齐，食量猛增。竹筐挤不下了，用砖石砌鸡舍于园角。晨开舍门，满院奔跑，望之欣然自得。某日，蒙邻人指点我，才知道这一群全是雄性。既然不生蛋，养来做什么！看见这一群骗子东奔西跑的那个高兴模样，我就厌恶。想起他们每日两餐消耗我那么多粮食，我就心疼。后来，他们总算都害了瘟，三五天死一只，历月余而死绝。养鸡又告失败。

第三次我研读《养鸡常识》，学会鉴别雌雄，心中大喜，再去选购十余只，精心饲养。白天我要上班拉大锯，顾不上管她们——后来发现她们中间混有少数雄性。傍晚下班回家，点数归舍。每隔七八天，总不免失踪一只。我唤着"鸡儿哥哥哥"到处去找，甚至到邻院去私察暗访，从来没有找回过一只。有一次看见邻居的赛虎（这是一条小母狗的芳名）躲在院角撕啃一只小鸡，我才恍然大悟。这家邻居夫妇原是奉命迁入庭院专门监视我的，近年来又造反当了官，我当然不敢对他们的母狗给予适当的教育。妻用讲笑话的口气提醒他们。他们夫妇

小鸡

▲ 鹅妈妈和她的孩子们。

听了,彼此相视一笑,不作回答,甚至不骂赛虎一句。

这家邻居的蓄犬政策是专养母狗,养而不喂,产仔后,或牵母狗去卖,或杀母狗来吃。不喂,赛虎岂不饿死?放心吧,饿不死。饿了,她会抢吃我家的鸡饭,或闯入堂妹家的厨房,偷吃食物,甚至偷吃生米。最近又怀了孕,食欲特别旺盛,尤其需要肉蛋白质,所以我家的小鸡要频频"失踪"了。

赛虎偷吃小鸡,我曾目睹,深信她的智慧过人。她才不露半分凶贼相呢,她只假装同小鸡做游戏,绕鸡群而飞跑。跑够了,伏下来,大摇尾巴,笑嘻嘻的,好像很爱她们。倒是她们显得太不知趣,挤成一团,惨声呼救。若是有人来了,赛虎就站起身,伸伸懒腰,打打呵欠,讪讪走开,似乎她已吃得太饱,玩得太累。若是不见人来,她就伸嘴去亲她们,用牙齿同她们乱开玩笑。不经意地咬伤一只,叼着便跑。跑到院角垃圾堆上,喊哩嚓啦快速撕啃,连毛带骨吃个精光。然后若无其事,大摇大摆回家睡觉,正眼也不瞧瞧那群小鸡。谁会相信凶贼是她,若不是亲眼看见!

到赛虎临盆时,我家的十余只小鸡刚好被她吃绝。营养既佳,一胎生下五只小狗,胖嘟嘟的,可爱极了。我窃视着这窝小狗,不免想起了动物蛋白质神奇的转化——鸡的转化为狗的;禽的转化为兽的;我家的转化为他家的。转化得如此悄悄又冥冥,神不知,鬼不觉,唯我偶然察之。造物主,你用血淋淋的死换来胖嘟嘟的生。你好狠!

五只小狗稍大,留下一只牝的,卖掉四只牡的。赛虎没有小鸡继续补充营养,馋得发昏,终于犯了严重错误,多次溜入鸭舍,偷吃她主人家的鸭蛋。事发,被主人之子李二哥逮捕法办。赛虎受屠之日,我家快乐之

▲ 狗

科学并非绝对正确

时。鼎烹既熟，蒙赐肉汤一碗。妻向这家邻居夫妇笑致谢忱，还说我家小女夜睡来尿湿床，宜喝此汤。

赛虎的遗孤号叫着，满院奔走，寻找其母。小狗嗅出了屠场的血腥，便在那里徘徊痛哭。偶一抬头，发现墙上绷钉着一张皮，正是故显妣生前的，便哭得更伤心，且对之吼吠焉。

当时女儿余蝉已满七岁，失学在家牧鹅。我每日编写三言诗五行，教她诵读。日积月累成册，是为《蝉蝉三字书》。查得册中有两日编写的课文如下：

李二哥，杀赛虎。白刀进，红刀出。小狗哭。

小狗哭，找妈妈。一张皮，墙上挂。肉炖粑。

第四次养小鸡又十余只。岂料赛虎的遗孤，那一只小小母狗，又偷咬小鸡吃！妻用发牢骚的口气笑着通知这家邻居夫妇。这回告状告准了，其妇当即骂了遗孤，其夫随即吩咐妻子牵去卖了。中午，遗孤又被牵了回来。卖不脱的原因是其妇有指示"少了一元三坚决不要卖"，而顾客的给价至多一元一。遗孤归来，取名小黄。小黄继承母志，终于再次吃绝我家的十余只小鸡，这类事情，《养鸡常识》上面一句也不提。唉！

▲ 一群鹅在水中游戏。

 阅读提示

本文选自《中国现当代散文三百篇》，卷二，林非选编，中国社会科学出版社2003年版，第638～640页。

作者流沙河，四川金堂人，1931年生，作家。

作者一共养过几次鸡？狗吃鸡的过程是怎样的？领会并学习作者的写作方法，能否从中学一着？

林中速写

张宇仁

　　这里是方圆百里的原始森林。空中，叠翠千丈，遮阴蔽日；地面，葛藤缠绕，落叶盈尺；地下，盘根错节，根须如网。这几乎是一个密封的世界。这里有巨栋大梁，珍禽异兽，奇葩硕果，灵芝妙药。高大挺拔的望天树是林中巨人，直冲云霄，傲视碧海。大青树广展绿冠，庇荫着众多伙伴。松杉竞生。乔灌咸长。荆棘丛集。低层杂草繁密。荫翳处蕨类葳蕤。卧倒的枯树上覆盖着苔藓，又有小树从苔藓中探出新苗。巨蟒似的绞杀植物盘绕于树干。大蚜趴伏在枝杈上吸吮汁液。野雉在林梢飞翔。猴子在树冠摘果。孔雀在泉边开屏。野蜂在花丛中采蜜。蚁群在腐殖层上蠕动。这里蚊蚋成阵，蚂蚱跳跃。长虫在拥挤的空间里扭曲穿行。林间流泻着婉丽的鸟鸣。更有山溪潺潺，叶丛滴翠。幽暗的草丛中，兰花放出馨香。海芋叶旁，龙舌兰伸出锐利的绿剑。开放红白花朵的茑萝，在枯枝上攀援盘旋。阔叶下的蛛网上缀着露珠。蜗牛驮着贝壳在湿地上爬行。远处林边大象甩动长鼻，悠然踱步。层林之上，鹞鹰在蓝天里滑翔，用它那对犀利的眼睛，窥伺着下界的猎物。如果你仔细观察，就会惊骇

▼ 森林

▲ 猴子在林中嬉戏和找食。

于万千动植物形体结构是那么完美。随便一茎小草，一朵鲜花，一颗果实，一株树木，一只飞鸟，一头走兽，它们的躯体组织，它们的色泽、形态，是那么气韵生动，血脉通畅，和环境之间显得和谐无间，浑然天成。啊，那是大自然孕育的杰作。须知每一物种要经过多少万年的演变、适应、竞争、完善，才能达到目前这种鬼斧神工、天衣无缝的状态！和自然界生物的完美结构相比，人间一切科技、文艺作品，都相形见绌。万千物种在这里多层次、高密度地孳生、繁衍、更新、斗争。岁岁年年，世世代代，永不停息。物竞天择，各司其职。相克相生，相辅相成。相互依赖，相互补充。如果上帝偏爱某一物种，要求纯粹、划一，这无异于毁灭某一物种自身。在这里，同一就是同灭，差异才能互补，共生方能共荣。如果它们分离，许多物种将因此失去相互制约、转化、补偿、交换等生存条件而死亡。它们只有集结、混生在一起，才能生机蓬勃，旺盛葱茏，荒蛮野性。在这里，每一瞬间，都在发生亿万次的新陈代谢。腐烂与新生、繁荣与枯萎，都在这生命的大舞台上演替。这里有最美妙的

森林中的巨杉

△ 森林中的湿地，长满了苔藓。

天籁，这里有最丰富的色彩，这里有最生动的形象。而当暴风雨袭来，林海枝舞叶涌，俯仰起伏，万千树干就是万千根摇曳的琴弦，弹奏出惊心动魄的交响乐；云雾涌来，一切淹没在白茫茫的浪涛之下，变成一片摇摆晃动的海底森林；但当热带雨倾泻过后，太阳重又照耀，亿万叶片上的水珠，闪烁出亿万颗晶亮的星星，炫人眼目。哦，森林，地球上最繁密、复杂的生物群落。只有用一种不分段、头绪有点混乱的文字，才能充分表达出杂乱成一个板块的整体感受。且让我以身边潮湿的树墩当书桌，迅速记下这篇即兴式的短文……

本文选自《中国现当代散文三百篇》，卷二，林非选编，中国社会科学出版社2003年版，第671~673页。

数一数，作者大约描写了多少种植物？作者为什么说"同一就是同灭"、"共生方能共荣"？现实生活中，我们人类与同类或者与其他生物之间是否遵循了这样的原则？

捕蟹者说

王充闾

望着阶前悦目的黄花，我想起那句"对菊持螯"的古话，蓦然触动了乡思。

西晋文学家张翰，因见秋风起而兴"莼鲈之思"，想起了家乡吴中的菰菜、莼羹和鲈鱼脍，遂命驾东归。鲈鱼脍，常见于古代诗文，名气很大，该是上好的佳肴，但菰菜却没有什么味道，莼羹也未见得怎样的鲜美。我想，无论如何它们也比不上我的故乡那肉嫩膏肥、风味绝佳的蟹鲜。

河蟹咸水里生，淡水里长，一生两度回游于河海之间。我的家乡地近海口，处于九河下梢，向来是河蟹生长的理想地带。那里流传着许多关于蟹的传说，有个红罗女的故事，凄楚动人。

据说很早很早以前，河口有一个蟹王。背壳赛过大笸箩，螯上夹钳像农户用的木杈，目光灼灼如炬。每当星月不明的暗夜，便耀武扬威地出来伤人，成了乡间一害。这年秋天，村头来了一个身披红箩、手持双剑的卖艺女郎，说是能降魔伏怪，于是，便和蟹王斗起法来。鏖战了三天三夜，女郎终因体力不支，被蟹王吞掉，但事情并没有完结。此后，连续数日，大雾弥天。天晴后，人们发现蟹王死在岸边，从此，妖怪就平息了。

这当然是神话传说，但据群众讲，

▽ 河蟹

▽ 岩蟹

至今螃蟹还很怕大雾,却是事实。老辈人口耳相传,道光年间中秋节过后,一个浓雾弥漫的晚上,突然,河里"刷刷刷"响声一片,螃蟹成群结队急急下水,顿时,河面上黑压压一片铺开,有的小渔船都被撞翻了。

螃蟹雅号"无肠公子",又称"铁甲将军",千百年来,一直活跃在诗人词客的笔下。有对它进行嘲骂的(当然是借物讽人):"眼前道路无经纬,皮里春秋空黑黄";"常将冷眼观螃蟹,看你横行到几时"。也有加以赞美的:"未游沧海早知名,有骨还从肉上生。莫道无心畏雷电,海龙王处也横行。"人们从不同角度咏蟹寄怀,见仁见智,独具慧眼。

但是,"口之于味,有同嗜焉"。对于蟹味的鲜美,古往今来,认识却是一致的。在现代国内外市场上,河蟹与海参、鲍鱼平起平坐,被誉为"水产三珍"。其实,早在一千年前,人们就很抬举它的位置。东晋时期的毕茂世,经常左手持螯,右手把酒,说是"真堪乐此一生"。

后世还有个叫冯梦桢的,敬事紫柏大师,潜心奉佛。一天,两人同赴筵席。冯因贪食蟹鲜,痛遭师尊的棒喝,但终竟不改其馋。据他在日记中记载:"午后复病,盖疟也。不知而啖鱼蟹,益为病魔之助矣。"即此,亦足证蟹味之鲜美。大诗人李白是很喜欢吃蟹的。他写过

寄居蟹

▲ 小朋友们在海边捕蟹。

"蟹螯即金液，糟丘是蓬莱，且须饮美酒，乘月醉高台"的诗句。在曹雪芹笔下，连那个温文尔雅的苏州姑娘林黛玉，也还啧啧称赞"螯封嫩玉双双满，壳凸红脂块块香"哩！

不过，就我体察，蟹味美则美矣，但随着情况的不同，人们的感觉也时有差异。四十年来，我吃过无数次家乡的河蟹，而感到风味最美的是童年时节在草原上野餐那一次。

那年秋天，我随父亲去草场割柴。河清云淡，草野苍茫，望去有江天寥廓之感。休息时，父亲领我去沙河岸边掏洞蟹。原以为洞中捉蟹，手到擒来，谁知这绝非易事。我刚把手探进去，就被双钳夹住，越躁动夹得越紧，疼得我叫了起来，父亲告诫我：悄悄地挺着，别动。果然，慢慢地蟹钳松开了，但食指已被夹破。

父亲过来从洞中把螃蟹捉出，并作了示范。用拇指和中指紧紧掐

▲ 招潮蟹的体色会随着环境的变化而变化。

住蟹壳后部,这样,双螯就无所施其伎了。还教我把捉来的大蟹一个个用黄泥糊住,架在干柴枝上猛烧,然后摔掉泥壳,就露出一只只青里透红的肥螯。吃起来鲜美极了。

后来,学到了多种多样的捕蟹办法:编插苇帘,设"迷魂阵",诱蟹就范;拦河挂索,迫蟹上岸;在秋粮黄熟的田埂,提灯照捕;驾一叶扁舟,设饵垂钓……无论哪种办法,都比掏洞捕捉轻巧得多。但说来奇怪,吃起来,味道却总是略逊一筹。

我想,未必草原上的螃蟹就风味独佳,恐怕还是主观上的感觉在起作用——得之易者其味淡,得之难者其味鲜。王安石说过,"世之奇伟瑰怪非常之观,常在于险远"。把这番道理推演一下,是不是也可以说:甘食美味往往出现在艰辛劳动之后啊。

阅读提示

本文节选自《中国现当代散文三百篇》,卷二,林非选编,中国社会科学出版社2003年版,第689~692页。

作者王充闾,1935年生,辽宁盘山人,作家、学者。

文中描写了哪些捕蟹方法?通常人们在什么季节捕蟹、吃蟹?你知道寄居蟹为什么一只螯大一只螯小吗?

二 地球送出的唱片

海中花园／许　评

灰尘的旅行／高士其

电话／梁实秋

手把羊肉／汪曾祺

北京的银座——王府井／孟广学

地球年龄"官司"／李四光

地球上送出的唱片／李　元

漫话小行星／卞德培

2028年遭遇小行星有惊无险／李启斌

阿尔金山科考纪实二则／才会烨

寻访武夷山／徐　刚

海中花园

许 评

一来到刘公岛,我就想到这里曾是甲午海战的古战场,然而如今映入人们眼帘的却是一派歌舞升平的景象。刘公岛于1985年辟为旅游区,一幢幢崭新的现代化的高楼大厦拔地而起,豪华宾馆、舞厅、酒吧、高尔夫球场、商店栉比鳞次。山顶是郁郁葱葱的黑松林,半山腰是硕果累累的苹果林,山麓是由龙柏、翠松、雪梅、石竹等组成的多姿多彩的观赏林,路旁、街头、庭院、建筑物四周遍植奇花异草,达一百多个品种,四季常青,三季有花,处处鸟语花香。古战场变成名副其实的海中花园。

长白山的余脉,自辽东半岛跨海来到

▼ 北洋海军提督署,位于威海刘公岛南坡,是北洋舰队的心脏。

胶东半岛，层峦叠嶂，蜿蜒盘曲，到了威海卫，北称棉花山，南称著棋山，像两条苍龙向东腾跃入海，翘首对峙，中间形成深水港湾，港湾海域对面中央，突兀矗立着一座大山，形成钢铁屏障，将港湾分为南北两个口门，这就是刘公岛。

刘公岛北陡南缓，东西长四公里，南北宽两公里，面积三点一五平方公里，海拔一百五十三点五米，主峰名旗顶山，形状像一只巨鲸。所以古人有诗云："十里绝尘埃，清远哗嚣少；飘摇水上浮，鲸载无倾倒。"刘公岛因从汉代起住有刘氏先民，岛民为奉祀祖先建有刘公庙而得名。由于这里是一处天然良港，明代洪武三十一年（1398年）设卫屯兵，名威海卫。永乐元年（1403年）筑

中日甲午海战图

威海卫城，同时在刘公岛主峰设烟墩一座。1881年清政府开始在刘公岛驻扎海军，到1888年（光绪十四年）拥有舰艇五十艘，正式成立北洋舰队，在岛上修建了码头、炮台、提督衙门、水师学堂，主峰树北洋水师军旗，始有旗顶山之名。

主峰上炮台和旗杆石座下面南麓就是北洋水师提督丁汝昌将军的提督署。提督署高踞危岩，依山临海，气势宏伟，当年的"海军公所"匾额仍然高悬在朱漆大门的上端。大门两旁各建角楼一座，是为海军举行庆祝大典和迎送宾客而设的乐亭。走进大门有三进院落，共占地一万多平方米，分前、中、后厅，由东西厢房和跨廊连为一体，檐牙高啄，雕梁画栋，布局严谨，风格典雅，不像一处军事要塞，倒像古色古香的诗书门第。来到中间大厅，则是另一种气氛。这里是北洋水师将领议事的蜡塑群像，同真

邓世昌

北洋海军"致远"号巡洋舰，其排水量2300吨，载炮23门。

人一样大小，面容和身段也是依据真人的照片雕塑的，每人的形象独具特色，表情各异，活灵活现，栩栩如生。大厅内还陈列着甲午海战的历史照片和实物。看后，人们无不为清廷的昏庸腐败而气愤，为北洋水师官兵英勇抗敌为国捐躯的悲壮事迹所感动。

我在参观中最感兴趣的，是提督署庭院中的一株"丁汝昌手植藤"。往常见的紫藤，都是爬在架上或者攀缘在树上，这株紫藤却长成很粗的树干，亭亭玉立，擎起圆伞形的树冠，开了一树艳丽的青紫色蝶形花朵。当我近前观赏时，发现紫藤的树干，原来是许多枝条拧在一起长成的。可见这位爱国将领既喜欢紫藤的枝茂花繁，又嫌弃它干弱不得自立，像当时中国的衰弱受列强欺凌。他硬是有要祖国强盛起来的决心，只要全国人民团结得像这些拧在一起的枝条，就能长成美丽的参天大树，因此才如此多情和用心，将它编扎起来的。如今实在堪称一株

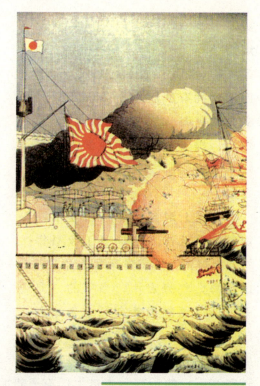

▲ 中日甲午海战图

◀ 丁汝昌塑像

奇树异花。丁汝昌当年就是在他自己苦心培植的这株紫藤下壮烈殉国的。这时,我不由得感到,这紫藤大概是有灵性的,它深知主人的心境,懂得主人"与舰偕亡"、"誓以身殉"的目的,才在这对外开放的海上大花园中独树一帜,向来自国内外的游客,展示这由弱变强伟岸自立的优美而傲然的神姿!此时此刻我好像看到丁汝昌们正在这万花丛中对着我微笑……

▲ 刘公岛的标志性建筑

科学并非绝对正确

选自《中国现当代散文三百篇》卷二,林非选编,中国社会科学出版社2003年,第578~580页。

请在中国地图上指出刘公岛的大致位置(提示:在山东威海)。丁汝昌,1836年生,字禹廷,安徽庐江人,清末北洋水师提督,爱国将领。文中所提丁汝昌手植的紫藤是一中茎缠绕植物,但仅从此文的描述还不知道它向左旋还是向右旋。紫藤属植物有两种手性,一种左旋(多花紫藤)一种右旋(中国紫藤)。如果哪位小朋友到了刘公岛,请拍摄一张照片,这样大家一看就知道是哪种紫藤了。在北京,北京大学、中山公园里的紫藤都是右手性的,北京市植物园中存在左手性的紫藤。

灰尘的旅行

高士其

灰尘是地球上永不疲倦的旅行者,它随着空气的动荡而漂流。

我们周围的空气,从室内到室外,从城市到郊野,从平地到高山,从沙漠到海洋,几乎处处都有它的行踪。真正没有灰尘的空间,只有在实

验室里才能制造出来。

在晴朗的天空下，灰尘是看不见的，只有在太阳的光线从百叶窗的隙缝里射进黑暗的房间的时候，可以清楚地看到无数的灰尘在空中飘舞。大的灰尘肉眼固然也可以看得见，小的灰尘比细菌还小，就用显微镜也观察不到。

根据科学家测验的结果，在干燥的日子里，城市街道上的空气，每一立方厘米大约有10万粒以上的灰尘；在海洋上空的空气里，每一立方厘米大约有1000多粒灰尘；在旷野和高山的空气里，每一立方厘米只有几十粒灰尘；在住宅区的空气里，灰尘要多得多。

这样多的灰尘在空中游荡着，对于气象的变化发生了不少的影响。原来灰尘还是制造云雾和雨点的小工程师，它们会帮助空气中的水分凝结成云雾和雨点，没有它们，就没有白云在天空遨游，也没有大雨和小雨了。没有它们，在夏天，强烈的日光将直接照射在大地上，使气温不能降低。这是灰尘在自然界的功用。

在宁静的空气里，灰尘开始以不同的速度下落，这样，过了许多日子，就在屋顶上、门窗上、书架上、桌面上和地板上铺上了一层灰尘。这些灰尘，又会因空气的动荡而上升，风把它们吹送到遥远的地方去。

1883年，在印度尼西亚的一个岛上，有一座叫做克拉卡托的火山爆发了。在喷发的时候，岛的大部分被炸掉了，最细的火山灰尘上升到8万米——比珠穆朗玛峰还高八倍的高空，周游了全世界，而且还停留在高空一年多。这是灰尘最高最远的一次旅行了。

如果我们追问一下，灰尘都是从什么地方来的？到底是些什么东西呢？我们可以得到下面一系列的答案：有的是来自山地的岩石的碎屑，有的是来自田野的干燥土末，有的是来自海面的由浪花蒸发后生成的食盐粉末，有的是来自上面所说的火山灰，还有的是采自星际空间的宇宙

沙尘暴

科学并非绝对正确

尘。这些都是天然的灰尘。

还有人工的灰尘，主要是来自烟囱的烟尘，此外还有水泥厂、冶金厂、化学工厂、陶瓷厂、锯木厂、纺织工厂、呢绒工厂、面粉工厂等，这些工厂都是灰尘的制造所。

除了这些无机的灰尘而外，还有有机的灰尘。有机的灰尘来自生物的家乡。有的来自植物之家，如花粉、棉絮、柳絮、种子、孢芽等，还有各种细菌和病毒。有的来自动物之家，如皮屑、毛发、鸟羽、蝉翼、虫卵、蛹壳等，还有人畜的粪便。

有许多种灰尘对于人类的生活是有危害的。自从有机物参加到灰尘的队伍以来，这种危害性就更加严重了。

灰尘的旅行，对于人类的生活有什么危害性呢？

它们不但把我们的空气弄脏，还会弄脏我们的房屋、墙壁、家具、衣服以及手上和脸上的皮肤。它们落到车床内部，会使机器的光滑部分磨坏，它们停留在汽缸里面，会使内燃机的活塞发生阻碍；它们还会毁坏我们的工业成品，把它们变成废品。这些还是小事。灰尘里面还夹杂着

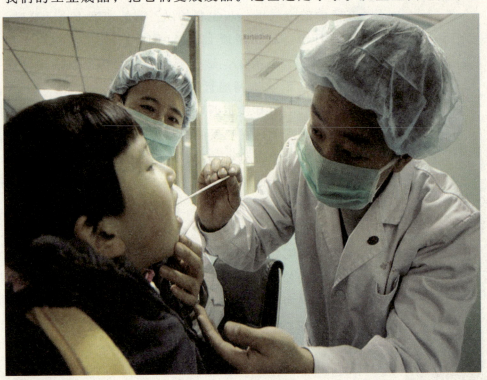

流行感冒

大气污染

病菌和病毒，它们是我们健康的最危险的敌人。

灰尘是呼吸道的破坏者，它们会使鼻孔不通、气管发炎、肺部受伤，而引起伤风、流行性感冒、肺炎等传染病。如果在灰尘里边混进了结核菌，那就更危险了。所以必须禁止随地吐痰。此外，金属的灰尘特别是铅，会使人中毒；石灰和水泥的灰尘，会损害我们的肺，又会腐蚀我们的皮肤。花粉的灰尘会使人发生哮喘病。在这些情况之下，为了抵抗灰尘的进攻，我们必须戴上面具或口罩。最后，灰尘还会引起爆炸，这是严重的事故，必须加以防止。

因此，灰尘必须受人类的监督，不能让它们乱飞乱窜。

▲ 马荣火山喷发时的壮观景色。火山喷发会形成很多灰尘。

我们要把马路铺上柏油，让喷水汽车喷洒街道，把城市和工业区变成花园，让每一个工厂都有通风设备和吸尘设备，让一切生产过程和工人都受到严格的保护。

近年来，科学家已发明了用高压电流来捕捉灰尘的办法。人类正在努力控制灰尘的旅行，使它们不再成为人类的祸害，而为人类的利益服务。

选自《细胞的不死精神》，北京出版社2003年版，第110～114页。

灰尘对人类有什么危害？在煤矿、石灰厂、面粉厂工作的工人为什么都要享受劳动保护？灰尘对降雨有什么帮助？本文说的是细的灰尘，而粗粒的尘土、沙尘对人类也有好处，中国的黄土高原就是灰尘远距离迁移、沉降、压实而形成的。

电 话

梁实秋

清末民初的时候，北平开始有了电话，但是还不普遍。我家里在一九一二年装了电话，我还记得号码是东局六八六号。那一天，我们小孩子都很兴奋，看电话局的工人们蹿房越脊牵着电线走如履平地，像是特技表演。那时候，一般人都称电话为德律风，当然是译音。但是清末某一位上海人的笔记，自作聪明，说德律风乃西洋某发明家之姓氏，因纪念他的发明，遂以他的姓氏名之。那时的电话不似现在的样式，是钉挂在墙上的庞然大物，顶端两个大铃像是瞪着的大眼睛，下面是一块斜木板，预备放纸笔什么的样子，再下面便像是隆起的大腹，里边是机器了。右手有个摇尺，打电话的时候要咕噜咕噜的猛摇一二十下，然后摘下左方的耳机，嘴对着当中的小喇叭说话、叫号。这样笨重的电话机，现在恐怕只有博物馆里才得一见了。外边打电话进来，铃声一响，举家惊慌奔走相告，有的人还不敢去接听，不知怕的是什么。

▲ 梁实秋漫画

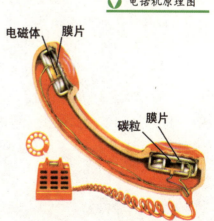

▼ 电话机原理图

科学并非绝对正确

从前的人脑筋简单，觉得和老远老远的人说话一定要提高嗓门，生怕对方听不到，于是彼此对吼，力竭声嘶。他们不知道充分利用电话，没有想到电话里可以喁喁情语，可以娓娓闲聊，可以聊个把钟头，可以霸占线路旁若无人。我最近看见过一位用功的学生，一面伏案执笔，一面歪着脑袋把电话耳机夹在肩头上，口里不时的念念有词，原来是在和他的一位同学长期交谈，借收切磋之效。老一辈的人，常以为电话多少是属于奇淫技巧一类，并不过分欣赏，顶多打个电话到长发号叫几斤黄酒，或是打个电话到宝华春叫一只烧鸭子的时候，不能不承认那份方便。至若闲来没事找个人聊天，则串门子也好，上茶馆也好，对面晤谈，有说有笑，何必性急，

最初的电话网络是由接线员将呼叫者和被呼叫者的线路接在一起。这是通过操作交换台上的插座和插头而完成的。这台交换台是在辛辛那提生产的，它可以承接50条电话线路。1880至1889年，它在挪威的德拉门投入使用。

早期的电话业务为众多女性提供了就业机会。

玩弄那个洋玩意儿?

后来电话渐渐普遍,许多人家由"天棚鱼缸石榴树"一变而为"电灯电话自来水"的局面。虽说最近有一处擦皮鞋的摊子都有了电话,究竟这还是一项值得一提的设备,房屋招租广告就常常标明带有电话。广告下不必说明"门窗户壁俱全",因为那是题中应有之义,而电话则不然了。

尽管电话还不够普遍,但是在使用上已有泛滥成灾之势。我有一位朋友颇有科学头脑,他在临睡之前在电话机上做了手脚,外面打电话进来而铃不响,他可以安然的高枕而眠。我总觉得这有一点自私,自己随时打出去,而不许别人随时打进来。可是如果你好梦正酣,突被电话惊醒,大有可能是对方拨错了号码,这时候你能不气得七窍生烟吗?如果你在各种最不便起身接电话的时候,而电话铃响个不停,你是否会觉得十分扫兴、狼狈、愤怒?有人给电话机装个插头,用时插上,不用时拔下,日夜安宁,永绝后患。我问他:"这样做,不怕误事么?"他说:"误什么事?误谁的事?电话响,有如'夜猫子进宅',大概没有好事。"他的话不是无理,可是我狠不下心这样做。如果人人都这样的壁垒森严,电话就根本失效,你打电话出去怕也没有人接。

▲ 可视电话

▲ 拨号电话

▲ 拨号电话

科学并非绝对正确

电话号码拨错，小事一端，贤者不免，本无需懊恼，可恼的是对方时常是粗声粗气，一觉得话不对头，便呱嗒一声挂断，好像是一位病危的人突然断气，连一声"对不起"都没来得及说，这时节要我这方面轻轻把耳机放好我也感觉为难。

电话机有一定装置的地方，或墙上，或桌上，或床头。当然也有在厨房或洗手间装有分机的。无论如何，人总有距离电话十尺、二十尺开外的时候，铃响之后，即使几个箭步窜过去接，也需要几秒钟的时候。对方往往就不耐烦了，你刚拿起耳机，他已愤而断绝往来。有几个人能像一些机关大老雇得起专管接电话的女秘书？对方往往还理直气壮的责问下来："为什么电话没有人接？"我需要诌出理由为自己的有亏职守勉强开脱。

电话打通，谁先报出姓名身份，没有关系，先道出姓名的一方不见得吃亏，偏偏有人喜欢捉迷藏。"喂，你是哪里？""你要哪里？""我要

△ 今日先进的通讯设备——光纤

×××××××号。""我这里就是。""×××在不在家?""你是哪一位?""我姓W。""大名呢?""我是×××。""好,你等一下。"这样枉费唇舌还算是干净利落的,很可能话不投机,一时肝火旺,演变成为小规模的口角。还有比这个更烦人的:"喂,你猜我是谁?猜猜看!怎么连我的声音都听不出来?"对于这样童心未泯的戴着面具的人,只好忍耐,自承愚蠢。

电话不设防,谁都可以打进来。我有时不揣冒昧,竟敢盘诘对方的姓名身份,而得到的答话是:"我是你的读者。"好像读者有权随时打电话给作者,好像作者应该有"售后服务"的精神。我追问他有何见教,回答往往是:某一个英文字应该怎样讲、怎样读、怎样用;某一句话应该怎样译;再不就是问英文怎样可以学好。这总是好学之士,我不敢怠慢,请他写封信来,我当书面答复。此后多半是音讯杳然,大概他是认为这是小事,不值得一操翰墨吧。

选自《雅舍情剪》,内蒙古人民出版社1998年版,第253~255页。

你看过电影《手机》吗?其中介绍了一点电话的历史。手摇电话、程控电话、移动电话、IP电话、铱星电话等等,展现了电话技术的变幻,你能说出它们的区别和联系吗?本文作者讲述的是更早的电话。电话、手机无疑给人们的生活带来了诸多方便,但也带来许多麻烦。通常,一项技术总是有两面性,有时说它是"双刃剑"。对待新技术,我们要有平衡和适度的观念,既不必盲目追求,也不必强烈抵制。在数字化的时代,人们打电话时个人的隐私受到了极大的挑战,因为电话公司非常容易对通话过程进行全程监听和录音。你还能列举出手机、电话的缺点吗?

手把羊肉

汪曾祺

到了内蒙古,不吃几回手把羊肉,算是白去了一趟。

到了草原,进蒙古包做客,主人一般总要杀羊。蒙古人是非常好客的。进了蒙古包,不论识与不识,坐下来就可以吃喝。有人骑马在草原上漫游,身上只背了一只羊腿。到了一家,主人把这只羊腿解下来。客人吃喝一晚,第二天上路时,主人给客人换一只新鲜羊腿,背着。有人就这样走遍几个盟旗,回家,依然带着一只羊腿。蒙古人诚实,家里有什么,都端出来。客人醉饱,主人才高兴。你要是虚情假意地客气一番,他会生气的。这种风俗的形成,和长期的游牧生活有关。一家子住在大草原上,天苍苍,野茫茫,多见牛羊少见人,他们很盼望来一位远方的客人谈谈说说。一坐下来,先是喝奶茶,吃奶食。奶茶以砖茶熬成,加奶,加盐。这种略带咸味的奶茶香港人大概是喝不惯的,但为蒙古人所不可或缺。奶食有奶皮

▼ 蒙古原羚又叫黄羊,形体优美,善于奔跑,是亚洲特有的羚羊种类。

子、奶豆腐、奶渣子。这时候，外面已经有人动手杀羊了。

蒙古人杀羊极利索。不用什么利刃，就是一把普通的折刀就行了。一会儿的工夫，一只整羊剔剥出来了，羊皮晾在草地上，羊肉已经进了锅。杀了羊，草地上连一滴血都不沾。羊血和内脏喂狗。蒙古狗极高大凶猛，样子怕人，跑起来后爪搭至前爪之前，能追吉普车！

手把羊肉就是白煮的带骨头的大块羊肉。一手攥着，一手用蒙古刀切割着吃。没有什么调料，只有一碗盐水，可以蘸蘸。这样的吃法，要有一点技巧。蒙古人能把一块肉搜剔得非常干净，吃完，只剩下一块雪白的骨头，连一丝肉都留不下。咱们吃了，总要留下一些筋头巴脑。蒙古人一看就知道：这不是一个牧民。

吃完手把肉，有时也用羊肉汤煮一点挂面。蒙古人不大吃粮食，他们早午喝奶茶时吃一把炒米——黄米炒熟了。晚饭有时吃挂面。蒙古人买挂面不是论斤，而是一车一车地买。蒙古人搬家——转移牧场，总有几辆勒勒车——牛车。牛车上有的装的是毛毯被褥，有一车装的是整车的挂面。蒙古人有时也吃烙饼，牛奶和的，放一点发酵粉，极香软。

我们在达茂旗吃了一次"羊贝子"，羊贝子即全羊。这是招待贵客才设的。整只的羊，在水里煮四十五

🔺 藏羚羊生活在青藏高原海拔很高的荒漠地带，是一种异常珍贵的哺乳动物，其皮毛素有"软黄金"之称。

🔺 剑羚头上长有一对长而尖锐的大角，好像一对宝剑，其名字由此而来。

科学并非绝对正确

▲ 生活在蒙古草原上的蒙古原羚，它们喜欢群居的生活。

分钟就上来了。吃羊贝子有一套规矩。全羊趴在一个大盘子里，羊蹄剁掉了，羊头切下来放在羊的颈部，先得由最尊贵的客人，用刀子切下两条一定部位的肉，斜十字搭在羊的脊背上，然后，羊头撤去，其他客人才能拿起刀来各选自己爱吃的部位片切了吃。我们同去的人中有的对羊贝子不敢领教。因为整只的羊才煮四十五分钟，有的地方一刀切下去，会沁出血来。本人则是"照吃不误"。好吃么？好吃极了！鲜嫩无比，人间至味。蒙古人认为羊肉煮老了不好吃！也不好消化；带一点生，没有关系。

我在新疆吃过哈萨克族的手把肉，肉块切得较小，和面条同煮，吃时用右手抓了羊肉和面条同时入口，风味与内蒙古的不同。

阅读提示

选自《蒲桥集》，作家出版社1989年版，第220~222页。

本文所说"背羊腿"的现象不知现在是否还存在，但蒙古人好客的传统是大家公认的，这种传统现在仍然保持着。

奶茶是如何制成的？你可以尝试烧制奶茶，但第一次喝未必合口，多喝几次，没准会喜欢上这一口。什么是"手把羊肉"？

北京的银座——王府井

孟广学

凡是到北京的人,大概都要去北京最繁华的商店云集的街道——王府井大街逛一逛。

说起这条大街名字的来源,还有一段有趣的故事呢!在清朝时代,包括皇帝在内的人都是喝井水的。当时的北京城内,由于地下水的水质不同,井水有甜水和苦水之分。在故宫内,有专门供皇帝使用的井,在现在王府井大街内的大甜水井胡同里,有一口水

▼ 王府井壁画

科学并非绝对正确

王府井

质好的甜水井,而且这里又靠近皇城,所以这口井就被指定为专门供王爷府的达官贵人使用的"王府井",并派卫兵守护,不许普通百姓饮用。清朝末年,这里的一些小地摊,逐渐盖起了店堂,成为一条商店街,街道的名字就叫王府井大街了。

每天从早到晚,这里人群熙熙攘攘。如果你仔细观察就会发现,在这些人里头,大部分是从外地来北京出差、采购,或坐火车在北京中转换车的人们。到了星期天或节假日,这里更是人山人海,摩肩接踵,整个街道热闹异常。

这条大街之所以这么吸引人,是由于这里有各种大大小小的店铺,栉比相连,而且许多店铺都是历史悠久并享有盛名的。

这里有北京市最大的百货公司——北京百货大楼。它建于一九五五年,在这里出售来自全国各地的商品。每天商店还没开门,门外已经挤得水泄不通,店门一开,人们便像开了闸的潮水一样,把商店灌得满满的,每个柜台前都是里三层,外三层的。一楼糖果部,有全国特级劳动模范张秉贵在这里售货。他以技术熟练、几十年如一日全心全意为人民服务,而成为全国

今天的东安市场

售货员学习的榜样。人们为了从他手里买到糖果，宁肯等上几十分钟。他把糖果送到顾客手里，把友爱和温暖送到了顾客心中。当人们拿着大包小包挤出柜台时，个个脸上都挂着笑容……现在，"逛百货大楼"实际上已成为去王府井大街买东西的代名词。

东风市场的前身是建于1903年的东安市场。这家商场有自己的经营特点，特别注意风味和良品的供应，如著名的北京蜜饯和茯苓饼，在这里可以买到。另外，市场里还附设了几家著名的饭馆，其中有驰名中外的"东来顺"的涮羊肉，上海风味的老馆子"五芳斋"，还有"东来顺小吃部"的奶油炸糕和八宝莲子粥也吸引了无数的顾客。北京最大的儿童用品商店——新中国儿童用品商店也设在这里。商店的牌子是已故的国家副主席宋庆龄亲笔题字。这里是最受孩子们和父母欢迎的地方。

上海迁京的高级服装店——"蓝天时装店"，制作出售最流行的女式四季服装，并附设了特体服装部。所以到这里来买衣服的，不仅有漂亮的妇女们，还有胖的、瘦的、高的、矮的各种特殊体型的人们。

"四联理发馆"，是深受妇

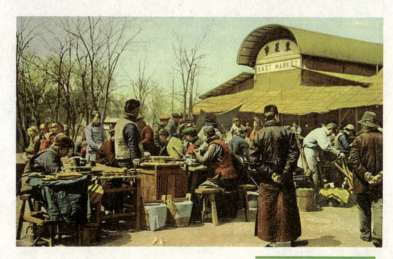

旧时的东安市场

女欢迎的高级理发馆。平时到这里来理发，需要等两三个小时，如果是节假日前，就需要早晨六点来这儿排队领号，领到了号，先去王府井各商店转转，到了预定的时间再去理发，为了理一次发，常常要花去半天多的时间。这里的理发师技术高超，他们根据不同年龄、脸型帮顾客设计发型，既美观又大方。所以，演员、医生、女青年等都喜欢到这里来理发。当然，理发费也比普通的店贵得多。

上海迁京的"中国照相馆"的门前，也是顾客如云，每天都有人排队等候照相。中国照相馆的摄影技术高，修版和染色的水平也是数一数二的。尤其是后来又恢复了出租结婚礼服的业务，许多新婚夫妇穿着华丽而合身的礼服，在这里留下几张永生的纪念。

五十年代由上海迁京的这几家商店都集中在王府

▽ 王府井

井大街，为这条大街增添了光彩。

百货大楼斜对面，有一家铺面很小而不被人注意的"建华皮货店"，这里出售各种皮革皮货，品质优良，制作精细，每天都有外宾到这里，特别是各国驻华使馆工作人员的夫人们，更是经常光临这家不起眼的小商店。

位于东风市场旁边的"百草中药店"，是北京几大中药店之一。现在越来越多的人喜欢服用中药，所以到这儿来抓药、煎药、治病（店内有中医）的人也是络绎不绝。

△ 王府井

北京工艺美术服务部是逛王府井的人们必到之处。这里不仅受外国朋友的欢迎，也深受中国人的欢迎，尤其是各种精巧的工艺品和逢时商品，如春天的风筝、夏天的扇子、中秋节的灯笼、新年的手绘贺年片……都是在别处所买不到的。

王府井南口新盖的新华书店，是目前中国最大的综合书店。为了早日实现四个现代化，人们如饥似渴地学习现代科学技术。许多科技和外语方面的新书一到，就被抢购一空。当夜幕降临，繁华的王府井逐渐安静下来的时候，只有新华书店夜间服务部里仍然挤满了人，不少青年人在那里聚精会神地阅读着……

北京画院，一定是日本朋友喜欢去

科学并非绝对正确

的地方。在那里陈列着古代、现代中国各个艺术流派的作品，真是琳琅满目、争奇斗艳！还有中国著名的书法家的草、隶、篆等各体书法艺术精品，一定会使你爱不释手。

另外还有首都刻字店、盛锡福帽店、北京烤鸭店、外文书店……总之，这条街的商店以名字号、唯一、风味独特、品种齐全、服务周到而闻名于中外。我希望这篇短文，能勾起去过王府井大街的朋友们的美好回忆，或引起没去过的朋友们一点点兴趣，那将是我感到愉快和幸福的。

▲ 四合院雕塑

阅读提示

选自《忆旧京华》，花城出版社1986年版，第40～43页。

本文作者孟广学，是一位在北京生活了将近40年的日籍华人，他对北京王府井大街的记述是一首海外华人的思乡曲。这几年，王府井几乎完全改变了，连老北京人都很难认出来了。

你认为王府井这样的著名文化街区是否应该大规模改造？还有北京的四合院，现在每年都有一大批被拆毁，令人痛心。如果你家还住在四合院，请细心观察它们，记录它们。

地球年龄"官司"

李四光

地球的年龄,并不是一个新颖的问题。在那上古的时代早已有人提及了。例如那加尔底亚人(Chaldeans)的天文家,不知用了什么方法,算出世界的年龄为21.5万岁。波斯的琐罗亚斯德(Zoroaster)一派的学者说世界的存在,只限于1.2万年。中国俗传世界有12万年的寿命。这些数目当然没有什么意义。古代的学者因为不明自然的历史,都陷于一个极大的误解,那就是他们把人

▲ 拉马克

▲ 人类的家园——地球

类的历史,生物的历史,地球的历史,乃至宇宙的历史,当做一件事看待。意谓人类未出现以前,就无所谓宇宙,无所谓世界。

中古以后,学术渐渐萌芽,荒诞无稽的传说,渐渐失却信用。然而西元1650年时,竟有一位有名的英国主教阿瑟(Bishop Ussher),曾大书特书,说世界是西元前4004年造的!这并不足为奇,恐怕在科学

科学并非绝对正确

昌明的今日，世界上还有许多人相信上帝只费了 6 天的工夫，就造出我们的世界来了。

　　从 18 世纪的中叶到 19 世纪的初期，地质学、生物学、与其他自然科学同一步调，向前猛进。德国出了伟尔纳（Werner）、英国出了哈同（Hutton）、法国出了蒲丰（Buffon）、陆谟克（Lamarck），以及其他著名的学者。他们关于自然的历史，虽各怀己见，争论激烈，然而在学术上都有永垂不朽的贡献。俟后英国的生物学家达尔文（Charles Darwin）、华勒斯（Alfred Russel Wallace）、赫胥黎（Huxley）诸氏，再将生物进化的学说公之于世。于是一般的思想家才相信人类未出现以前，已经有了世界。那无人的世界，又可据生物递变的情形，分为若干时代，每一时代大都有陆沉海涸的遗痕，然则地球历史之长，可想而知。至此，地球年龄的问题，始得以正式成立。

　　就理论上说，地球的年龄，应该是地质学家劈头的一个大问题，然而事实不然，哈同以后，地质家的活动，大半都限于局部的研究。他们对于一层岩石，一块化石的考察，不厌精详；而对过去年代的计算，都淡焉漠焉视之，一若那种的讨论，非分内之事。实则地质家并非抛弃了那个问题，只因材料尚未充足，不愿多说闲话。待到克尔文（Lord Kelvin）关于地球的

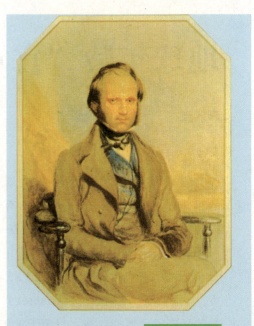

达尔文

李四光

年龄发表意见的时候，地质家方面始有一部分人觉得克氏所定的年龄过短，他的立论，也未免过于专断。这位物理家不独不顾地质学上的事实，反而嘲笑他们。克氏说："地质家看太阳如同蔷薇看养花的老头儿似的。蔷薇说道，养我们的那一位老头儿必定是很老的一位先生，因为在我们蔷薇记忆之中，他总是那样子。"

物理学家既是这样的挑战，自然弄得地质家到忍无可忍的地步，于是地质学家方面，就有人起来同他们讲道理。

所以地球年龄的问题，现在成了天文、物理、地质三家公共的问题。

开尔文

科学并非绝对正确

选自《穿过地平线》，百花文艺出版社1998年版，第1～3页。

本文作者李四光是我国著名地质学家。

本文中所提到的外国人名与现在的译名差别较大，阅读时请注意，如伟尔纳＝魏纳，陆谟克＝拉马克，华勒斯＝华莱士，克尔文＝开尔文，等等。

地质学是研究地球的一门科学，地球的年龄当然是首先要搞清楚的，但为什么在相当长的时期内搞不清楚？开尔文在19世纪是科学权威人物，他试图通过严格的数理计算，估测地球的年龄，可惜他考虑得不周，计算有严重问题，致使他的估计值比实际值小了许多。你知道科学家是经常犯错误的吗？实际上科学在试错中前进，科学史上失败远多于成功，只是由于通常人们只记住了成功的案例，科学史才显得是一个胜利接着一个胜利。怕失败的人，不容易在科学上取得突破。

地球上送出的唱片

李元

1977年8月20日,"旅行家1号"宇宙飞船升空了。它在1979年7月8日飞过木星,1981年8月27日飞过土星,1986年1月30日飞过天王星,1989年8月到达海王星区域,离地球约43亿千米。"旅行家2号"是在1977年9月5日发射的。它们都肩负着同样的使命,都是去考察大行星和远行星的,都给我们传送回这些行星极为丰富美丽的照片。但是这里我们要谈的是地球人委托"旅行家1号"带给外星人的喷金铜唱片。

这张唱片收录着60种语言的问候的话和一对鲸鱼在海洋中的热诚呼叫,另外还附有一些人类制造的器具和艺术品以及人类活动的照片,还录有许多优美乐曲。这张唱

片所收录的语言和乐曲,就是经过10亿年后,也不会受到损伤或变形,所以总有一天会传到外星人手中的。卡尔·萨根还专门为这一不寻常的事件写了一本书《地球的耳语》,详细说明唱片的内容。

这张唱片直径有30.5厘米,里面录有当时美国总统卡特签名的给外星人的一份电文,全文是:

这是一个来自遥远的小小星球的礼物,它是我们的声音、科学、形象、音乐、思想和感情的缩影。我们正在努力使我们的时代幸存下来,使你们能了解我们生活的情况。我们期望总有那么一天能解决我们面临的问题,以便加入到银河系的文明的大家庭里来。这个"地球之音"是为了在这个辽阔而令人敬畏的宇宙中寄予我们的希望、我们的决心和我们对遥远世界的良好祝愿。

在卡特电文前面有一段说明:

"旅行家1号"宇宙飞船是美国制造的。地球上住着40多亿人,我们是其中的一个国家,有2.4亿人口。我们人类虽然还分成许多国家,但这些国家正很快地变为一个单一的文明世界。我们向宇宙发出的这份电文,它大概可以保存10亿年。到那时候,我们的文明将发生深远的变革,地球的表面也可能发生巨大的变化。在银河系2000亿颗恒星中,有一些,也许有许多,可能是人居住的行星和文明世界。如果这种文明的人类截获到"旅行家"宇宙飞船,并且能懂得这些记录的内容,那么这就是我们的电文。

当时的联合国秘书长瓦尔德海姆口述的录音是:

作为联合国的秘书长,一个包括地球上几乎全部人类的147个国家组织的代表,我代表我们星球的人民向你们表示敬意。我们走出太阳系进入宇宙,只是为了寻求和平和友谊。我们知道,我们的星球和它的全体居民,只不过是浩

▲安放在旅行者探测器上的"地球之声"唱盘。

科学并非绝对正确

▲ 人类探索太空的工具：航天飞机。

瀚宇宙中的一小部分。正是带着这种善良的愿望，我们这样做了。

在大约60种语言的问候中几乎包括了世界上所有的语言，当然也有汉语，而且有广东方言、福建方言等，这是由于在美国的华侨很多是从广东和福建去的。唱片还录有地球上自然界的各种声音，风声、雨声、呼唤声、哭笑声、海涛狂啸、火山轰鸣以及许多动物的声音。当然还应该包括人类创造的文明的声音，有许多世界名曲，贝多芬和许多大作曲家的乐曲都收罗在内。还有中国的京剧和古曲《高山流水》。

总共两小时的唱片却要包罗万象而且古今中外都要有，也就是说尽可能地把地球和人类有代表性的东西都录进去。好像一个人将要出发到一个一去不回的孤岛上去，临走时在自己有限的皮箱里能装得下多少东西？而且这些东西不但自己能使用，而且也有一些会使自己回忆起以往的生活和朋友、环境的东西……

自从有人类以来，我们都生活在地球上，我们看到的都是地球人，不论他的皮肤是什么颜色，不论使用的是何种文字，说的什么语言，总之大家都是地球人。随着科学技术的进步，我们越来越了解宇宙环境，才逐渐意识到地球只是太阳系中的一个不太大的行星，宇宙间还应该有很多别的太阳系以及类似我们的行星。应该说，地球在宇宙间不可能是独一无二的，地球人在宇宙间也不应该是孤独的。我们应该有许多兄弟般

科学并非绝对正确

太空探索

的别的太阳系的行星和地球们；我们也应该有不少姊妹般的外星人类或其他生命和文明。因为只要有生命存在的条件，如空气、水和适宜的温度，生命就会演变产生而且演化发展。只是因为宇宙十分辽阔，人类的科技能力还很有限，所以对外星人和地外文明的探索显得那么薄弱无力，进展缓慢。在人类历史的整个过程中，与外星人的接触可能是最重大的事件之一。一旦与外星人会见，那很可能使人类的文化、历史、科学发生很大的变革。如果和外星人不但会面，而且可以互相来往，那对地球人的影响就更大了，这种事到底什么时候发生，谁也无法预料。从一般的情况来说，这一天不会太早，或许还非常遥远。但愿奇迹能够出现在你们这一代。

同时我们还应该提出另外一个更为重要更为现实的问题，那就是积极行动起来，保护我们的地球，爱护我们的家园，把她建设得更美好，用一个更加美丽的地球去迎接外星人的光临！

阅读提示

选自《到宇宙中去旅行》，辽宁儿童出版社2002年版，第176~178页。题目为本书编者所拟。

随着外太空探索的进展，人们想知道除了地球上的人类外，地球之外是否还有文明，是否存在外星人。"旅行家1号"的使命是什么？它带出的唱片都有什么内容？你认为如果存在外星人的话，他们能够读懂人类传出的信息吗？寻找地外文明是一个遥远的过程，如作者最后一段所言，我们最重要的任务是积极行动起来，保护好大家的地球。

本文作者是著名天文科普作家李元研究员，天上有一颗小行星就是以"李元"命名的。什么是小行星？请看下面一篇文章。

漫话小行星

卞德培[①]

①卞德培为北京天文馆研究员,《天文爱好者》杂志创办人。1998年4月11日,国际天文学联合会小行星命名委员会,批准将日本北海道北见观测所的天文学家圆馆金与渡边郎于1994年3月31日和4月8日新发现的第6741号和6742号两颗小行星,分别以中国科普家李元和卞德培的姓名命名。我国科普作家获此项殊荣的,这是第一次。

晴朗的夜空,群星灿烂,绘成了一幅星星的世界。在这充满魅力的星空中,围绕太阳运转的,除了人们熟悉的九大行星外,还有为数众多的小行星。它们中的绝大多数都是在火星和木星轨道之间。

小行星从发现以来只有两百年的历史。1801年1月1日,意大利西西里岛天气晴朗,岛北部巴勒莫天文台台长皮亚齐就连这19世纪的第一夜也不愿放过,顶着寒风,抓紧时间为他所从事的编制星表的工作进行观测。突然,他在金牛星座发现一颗任何星图上都没有标注的陌生天体,第二天晚上再去观测时,它已经改变了位置。皮亚齐以为这是一颗新发现的彗星,后来终于被证实,这是一颗前所未知的、运行在火星和木星轨道之间的小行星,它就是谷神星。

1802年3月,德国医生、业余天文爱好者奥伯斯在观测谷神星时,又偶然地发现了一颗小行星——2号小行星即智神星。1804年和1807年,3号和4号小行星又相继被发现。

在星空中,小行星的位置在不断地变动着,从茫茫星海中要想把它们找出来,可不是一件容易的事。这要经

北京天文馆

过多少个不眠之夜的观测、检验和繁复的计算。正因为如此,尽管好些天文学家一直孜孜不倦地寻找第5号小行星,可是一直是杳无音讯。直到1845年,第5号小行星才由一位业余天文爱好者于无意之中发现。此后,由于星表、星图等这类观测所不可缺少的工具更加完备,使用了更强有力的望远镜等,小行星才不断地有所发现,到1891年,通过目视观测共发现了322颗。以后随着照相方法在天文观测中得到应用,人们找到的小行星日益增多,每年总有好几十颗被编号和命名。最近这些年,小行星被发现如雨后春笋,每个月都有数十或上百颗小行星被证实,并获得永久编号。目前,已编号的小行星超过8000颗。

根据国际惯例,一颗小行星被发现之后,先临时编号。从计算得到的轨道参数,预报它下次运行到地球附近时的位置,在不同的年代里有三次以上能根据预报观测到它时,才给予正式编号。同时,发现者获得小行星命名权。1964年10~11月间发现,而于1977年编号命名的1802号小行星"张衡"、1888号"祖冲之"、1972号"一行"、2012号"郭守敬"等小行星,都属于这种情况。

包括这些小行星在内,由我国天文工作者发现而正式编号命名的小行星快超过百颗,编号而尚未命

名的更多。其中最早的一颗是在1928年由已故我国著名天文学家张钰哲在美国叶凯士天文台实习时发现的，命名为"中华"，编号为1125号。张钰哲于1929年历尽艰难回国后，由于条件的限制，长时间未能再次一睹"中华"的风采。在相当长的一段时期内，《小行星星历表》一直把它作为已"遗失"的小行星处理。事隔30年之后，1957年10月，张钰哲等在紫金山天文台观测到一颗与"中华"轨道等很相像的新小行星。又经过20年，1977年11月，国际小行星中心作出决定，对1957年发现的那颗小行星给予"1125"号和"中华"星的名字；1928年的那颗不再算是"1125"号，也不再叫它"中华"，只保留发现时的临时编号，就这样，新"中华"代替了老"中华"。

我国当代科学界获得小行星命名殊荣的，包括由国外命名的在内，总共9人，他们是：2051号张钰哲，2240号蔡章献，3171号王绶琯，3241号叶叔华，3405号戴文赛，3462号周光召，4760号张家祥，以及这次命名的6741号李元和6742号卞德培。

已正式编号的8000多颗小行星中，绝大多数都是在火星和木星轨道之间，它们比较集中在距离太阳2.3~3.3天文单位（一个天文单位是从地球到太阳的平均距离，约1.5亿千米）间的几个区域内，小行星与太阳的平均距离约为2.8个天文单位。

被称为近地小行星的，发现才只有半个世纪的历史，已确认为这类小行星的现在知道的有4颗。其中第3颗是我国北京天文台的科研人员于1977年发现的，离地球最近时只有75000千米，着实把科学家们吓了一大跳。

◀ 与太空的亲密接触

天王星

△ 土星

包括近地小行星在内的近地小天体，是天文学家们严密监视的对象。

小行星的体积和质量都很小，其中最大的 1 号小行星的直径也只有 1000 千米，直径小于 1000 千米或更小的，看来得靠飞船在小行星带附近去观测和发现了。据统计，全部小行星的总数约在 50 万颗以上，但它们的总质量也许还不及地球的千分之一。

为什么在九大行星间夹杂着这么多的小行星，而不是一颗大行星呢？

很多人试图对此作出解释，主要有两种不同的见解：一种认为这里原来有一颗大行星，由于在太阳系漫长的历史中发生了某种未知的非常事件，这颗大行星粉碎成为许多的碎片；另一种说法认为在太阳系形成时，由于某种未知的原因，这一区域的物质未能凝聚成一颗大行星，而直到现在仍保持着当初的原始面貌。单从这一点来说，研究小行星对于探讨太阳系起源和演化这一重大而悬而未决的课题,能提供许多宝贵的资料和线索。

 阅读提示

选自《大自然的召唤》,科学普及出版社1999年版,第17~19页。

请察看太阳系的天体分布图,由太阳向外,行星依次是水星、金星、地球、火星、木星、土星、天王星、海王星、冥王星。最近在冥王星之外又发现一颗好像是行星的星体,它究竟算不算太阳系的一颗新行星,学术界还有争议。行星中木星个头最大?小行星轨道多数出现于哪两颗行星之间?为什么?近地小行星为什么是危险的?

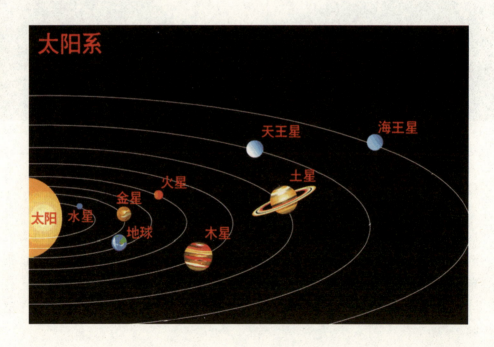

2028年遭遇小行星有惊无险

李启斌

根据轨道计算，小行星1997 XF11将在2028年10月26日与地球遭遇，其靠近地球的距离比任何小行星都近，引起了全世界的关注。

这颗小行星是1997年12月6日美国亚利桑那大学天文学家金·斯柯蒂用基特峰山上的90厘米望远镜发现的。随后的观测表明它是一颗可能十分靠近地球且直径大于1000米的小行星，因而被列为第108颗"对地球有潜在危险的小行星"。

积累了88天观测数据后，1998年3月11日发布的轨道计算结果表明，这颗小行星在2028年10月26日离地球最近距离仅4万千米，只有地球到月球距离的1/10。虽然并不直接撞上地球，但也不是完全没有问题。这颗小行星直径约为1500米。一个1500米的小行星如果撞上地球，将形成一个直径20千米左右的撞击坑，会造成一场不小的灾难。因此，1998年3月11日国际天文联合会快报的负责人玛尔斯登专门撰文通报此事。

所幸这颗小行星曾在1990年、1983年、1976年、1971年和1957年接近地球。于是天文学家纷纷翻箱倒柜，寻找过去的观测底片，希望得到它的早期观测资料。非常幸运的是，美国天文学家洛仑兹在帕洛玛山天文台的46厘米施密特望远镜1990年拍摄的底片上找到了它的影像。小行星观测的时段越长，计算出来的轨道越精确。3月12日发布的国际天文联合会快报，宣布将1990年的观测数据加入到轨道计算中去后，该小行星2028年10月26日到地球最近距离修正为96万千米，撞击地球的概率为零，于是我

▲ 获得小行星命名权的我国古代科学家之一张衡。

科学并非绝对正确

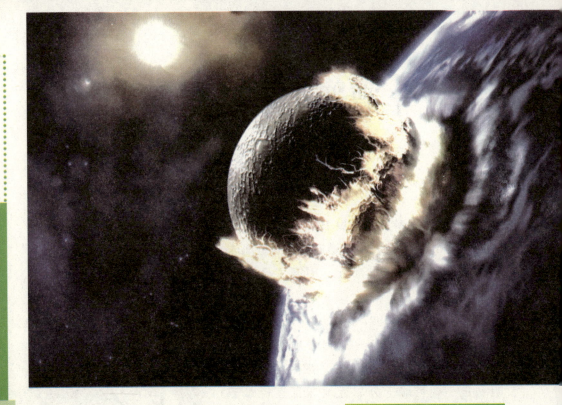

▲ 小行星撞击地球想象图

们可以放心了。

　　国际天文界正在严密监视这颗小行星，以期进一步改进其轨道计算结果。现在该小行星极其暗弱，仅为 21 等星。北京天文台将在望月过后无月的晴朗夜晚对其进行观测。1997 XF11 小行星在 2002 年会比较靠近地球，是加强其观测的好机会。1997 XF11 小行星的轨道将根据新的观测进一步修正。

　　尽管 1997 XF11 在 2028 年与地球相遭遇是有惊无险，但是却给我们敲了警钟，对太空环境和太空灾害的研究应该引起重视，对近地小行星的观测、对小行星撞击可能引起的气象灾变、对所引起的冲击波和地震的形式和规模及其预防的研究应该提到日程上来了。古语说得好：有备无患。

 阅读提示

选自《天象的启示》，湖南教育出版社1999 年版，第 166~167 页。

　　你认为小行星撞击地球的可能性大不大？我们需要在什么时间尺度上考虑这样的事情？看看月球的照片，我们知道，历史上月球曾被砸得千疮百孔。2028 年离我们很近了，到那时，读本书的小朋友已经该大学毕业了，我们做好观测的准备了吗？

阿尔金山科考纪实二则

才华烨

一、动物栖息的天堂

在祁漫塔格山脚下，我们找到了一大群悠闲的藏野驴。这种动物身体的上部呈深棕色，下部呈淡黄白色，分界明显，长期的奔跑使得它的体形十分优美。此时，两群藏野驴汇合到一处，初步估算大概有1000多只！能偶遇如此众多的藏野驴也说明它们处于稳定的生活状态。白天，它们在有水源的地方觅食饮水后，晚上将成群结队地回到祁漫塔格山，在山中栖息过夜。

这种动物最有趣的举动就是喜欢同汽车赛跑——它不容许有任何东西比它跑得快！我们的车子还没启动，前面就有几头藏野驴竖起耳朵，带着怀疑的态度望着汽车。车子一发动，它们当即排成一字队形，越靠越近，然后放开四蹄与车子同时飞奔，在车窗边扬起一片烟尘。

如果说藏野驴实在可爱，那么最美丽的动物还属藏羚羊。在一碧万顷的蓝天下，雪山像是一块无穷

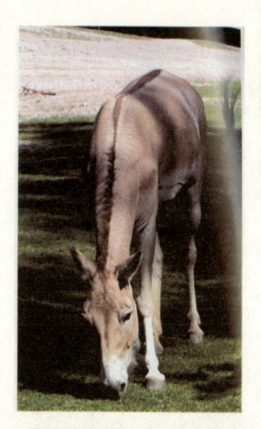

▲ 西藏野驴非常强壮，身体魁梧的雄野驴才会受到雌野驴的青睐。

科学并非绝对正确

▲ 藏原羚是一种群居性的动物，通常以家庭为单位结成小群生活。

无尽的幕布，藏羚羊舒展着身体的曲线，全速奔跑，不一会儿就能从视线中消失。在海拔5000多米的高原上，许多动物连挪动一步都要喘息不已，而藏羚羊能以60公里的时速连续奔跑1小时，瞬间时速可达到80公里，难怪人们称它为"高原的精灵"。

阿管处的官员告诉我们，在藏羚羊的常年集中分布区，每年在非交配季节，雌雄分群而居，互不打扰。每年的11月底，就到了藏羚羊的交配季节。每年的5月~7月之间，雌性藏羚羊群体将开始一年一度的产羔迁徙。它们要从气候、环境较好的东北部草原和盆地经过长途跋涉，翻越高山，渡过大河，历经千难万险，最终到达昆仑山区木孜塔格峰北部的产羔地。

产羔完毕的藏羚羊群携带着羔

羊，从原路返回它们原来的栖息地，开始又一个周期新的生活。而雌性藏羚羊羔也将跟随妈妈往返于迁徙路线，并牢记这条路线，世代相传，生生不息。

二、盛夏的秘密花园

如果把我们在阿尔金山的旅程比成一段奏鸣曲，那么到达小沙子湖则奏出了这段乐曲的最高潮。在这片海拔4738米的世界最高沙漠上，竟然隐藏着一个人间仙境般的秘密花园。

大自然只有在调色盘里调好各种颜色才能绘出眼前的景象：冰莹清透的湖水波澜不惊，在它的一侧，沙山柔和地起伏连绵，另一侧则铺展着嫩绿茵润的草甸。远方的雪山高攀入云，大片的云朵在一平如洗的黄沙上投射出影子，而沙山倒影在水中，蓝天倒影在水中，我们也倒影在水中，说不尽风光的旖旎。

沙漠、雪山、湖泊、草甸，这些几乎绝不可能出现在同一画面中的风景竟然在这里奇妙地融成一体了。

数十只棕头鸥扑打翅膀，在湖面上飞舞，清脆的鸣叫在寂静的大地回荡，它们将在这里筑巢、产卵、繁育后代。小鼠兔在草甸上一跳一跳，

又是悠闲，又是好奇。

　　我想斯文·赫定一定会为他没能越过高山的屏障而后悔不迭，他终其一生都认为这里是一片生命禁区。在当时，西方学者曾经断言，此地的植物不会超过50种。但新的科学考察结果证明，迄今为止，保护区内至少发现了335种野生动物和267种野生植物。

　　在这个短暂的高原盛夏，绽放的野花仿佛要释放出生命中所有的热情：红的补血草花，紫色的紫菀花和镰形棘豆花，黄色的单头亚菊、异叶青兰和长叶顶冰花，白色的帕米尔点地梅，蓝色的微孔草，玫瑰色的刺叶柄棘豆，一片灿烂，在这个深山幽谷中制造出了一个喧闹热烈的夏天。

　　到此为止，所有的艰辛都被巨大的震撼感一扫而空。也许正是因为此地人迹罕至，才得以保持物种的纯洁，使万千生灵得到了一片原始的居留地，不断演替成今天的模样。也正如进化论的支持者们所说的那样：我们脚下的地球曾经从一个无生命的死地演变成一个生机勃发的星球，而在生命演替的长河中，无论是物种还是总的数量，总的趋势是趋向兴旺和繁华。

选自《博物》杂志，2004年第1期，第12~21页。

　　藏羚羊是国家一级保护动物，中国的特有物种。20世纪80年代藏羚羊被列入《濒危野生动植物种国际贸易公约》，但是藏羚羊一直遭受非法猎杀。为什么呢？因为藏羚羊的羊绒被称为"绒中之王"，是高档时尚品"沙图什"披肩的原料。每条披肩以上万美元的价格在世界顶级时装店出售，而一条披肩需要牺牲3~5只藏羚羊的性命。盗猎分子猎杀的藏羚羊大多是即将分娩的母藏羚。小朋友，你觉得应当怎样控制偷猎？本文的第二部分描写了高山植被，你去过吉林长白山或者四川的四姑娘山吗？高山草甸的秀美一定会令你惊奇的。

风景如画的拉萨

寻访武夷山

徐 刚

1

我要去寻访武夷山，为了名山的诱惑，也为了一个人的吸引。

寻找武夷山的过程是痛苦的，想象与现实之间的距离太大，早先的武夷山太美！

武夷山以"溪曲三三水，山环六六峰"构成了山水之妙，而滋养着武夷山水的是武夷山的百年古松、白楠、香樟等树木。

武夷山的岩石结构有"骨山"之称，一座山就是一块巨石，拔地而起，横生出大王峰、隐屏峰、水帘洞、鹰嘴岩、玉女峰等等有刚有柔有骨有情的无数景象来。

武夷山的树，它的一枝一叶根根蔓蔓，吸附着尘沙泥土，积聚着阳光雨露，在冬天满树白雪，在雨季一棵大树就是一个小水库，保护着

武夷山无限风光

武夷山胜景

科学并非绝对正确

武夷山玉女峰

山林水土,防止了山洪暴发。

山清水秀源于树绿。

2

1962年,九曲溪上尚可泛舟,现在只能行走竹排,有的地段竹排擦着水底的卵石才能过去,仅1985年一年,九曲溪的水位下降了27厘米!

一旦九曲溪干枯——这绝不是危言耸听,武夷胜景安在?

3

水帘洞的飞瀑本来是"悬空倾泻"的,在名山的瀑布中,它有陡

隐屏峰有保存完好的原始植被

壁之险又有山洞之幽，游人无不叹为观止。现在，当笔者前往观瞻时却滴水全无，石壁上有水流磨擦过的痕迹，让你想起这是当年的瀑布。斗转星移流水不回，水帘洞大睁着眼睛，欲哭无泪。

4

这是为什么？

大王峰人称武夷第一峰，据史料记载，大王峰上顽石高堆几乎无路可走，灌木丛生却有飞鸟成群，更加宝贵的是峰上"古木参天，浓荫铺地"。这参天古木历尽劫难，到1974年时尚存300棵，300棵虽然少却还可以半遮半掩使大王峰不至于太露，可时至今日又被大斧砍去298棵，只剩下两棵。项南在福建治政时大呼：你们把大王峰的衣服都剥光了，这还了得？

不仅是大王峰，1984年武夷山所属的吉安县的部分乡农砍树一直砍到玉女峰——这是每天晚上都要在电视屏幕上出现的福建

九曲溪

晨光中的武夷山

武夷山大王峰

科学并非绝对正确

省的标志,连玉女的裙子都要往下扒!

武夷山上的斧子绝不仅仅是这些,近几年来毁林事件愈演愈烈,全然不顾国家大法、省政府的布告以及关于国家级风景区的各种明文规定,凡此种种,笔者在下文还有披露。先要敬告读者的是:武夷山长此下去将要成为无衣山,九曲溪里将会出现骆驼,我们将愧对子孙,子孙将鄙视我们!

这是在武夷山管理局工作的一个爱山爱树如爱命的人告诉我的。

5

我一看就是他,瘦瘦的黑黑的,手里拎着一个竹笠,只有眼睛的明亮才使他明显地区别于别的人,我想他准是在武夷山得到了什么灵气。有人说他是怪人、怪杰,也有人说他是"难剃的癞痢头",乡民说他是守林的,修路的。他是管理局的基建科长,他知道科长也是个官儿,在百姓、科员之上,带着施工队修路修厕所,就这么一个官儿,他自己刻了一枚自己的官印:狗官建霖。

他叫陈建霖。

他说:"我是武夷山的看山狗,谁砍树我就咬谁,我就是狗官!"

在中国的官场上,自己称自己是狗官的大概只有他了。有比他更大的官问他:怎能自称狗官?他说:我是说我自己,跟你无关,每个月去领工资盖上这个印,就得想一想自己做了些什么?亏心不亏心?是不是

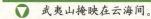
武夷山掩映在云海间。

白吃了人民的血汗？这武夷山我看好了没有？

他家住崇安县城，每天清早起来做一点家务，煮好早饭，自己吃上一大盆饭喝一大瓶水，骑自行车走了，来回36里山路，早出晚归天天如此。一到风景区就上山，一边施工一边守树，看见砍树的他总是先劝后求，直到声泪俱下。鹰嘴岩旁屹立着一棵巨松，一个农民挥动大斧砍着，毫不犹豫。陈建霖先是听见砍树的声音，闻声追去，农民只想到家里的老虎灶要用柴来烧，哪里听得进陈建霖的劝告。陈建霖只好从口袋里掏钱，只有5元，太少了，砍树的农民不干。陈建霖告诉他："我家里还有钱，我马上下山骑车回家拿钱，5点钟以前赶回来，你千万别砍了！"陈建霖如约回到鹰嘴岩拿出了60元钱，买下了一棵松树的命，砍树的人怀里揣着60元走了，走得很轻快，陈建霖抚摸着已被斧子砍进去1/3的受伤的松树，哭了！

这一天的傍晚夕阳特别鲜红，在晚霞暮霭之中，他倚着这棵松树不想离去。他想：武夷山还经得起多少把斧子来砍？武夷山，巨大的岩石骨山，所谓土层其实是厚不过一寸的一层地衣，长一根草尚且艰难何况一棵大树？摘一片树叶尚且心疼何况砍伐？为什么我们有一些中国人在金钱和良心面前，就这样落落大方地选择了金钱践踏了良心？这样的以破坏生态毁灭文化为手段的富裕，实质上是以子孙的贫穷为代价的。当未来的穷山恶水展现在他脑海中的时候，太阳落山了，月亮出来了。

6

陈建霖终于知道了自己的渺小，他挡不住那么多板斧，那么多板斧中的一把甚至连他也可以轻而易举地砍倒在地；他也不想再掏钱了，一个月七八十元工资，还要养家活口哪来的钱？他给各级领导写信，他给报纸写文章，力诉

武夷山之雄可比泰山。

武夷山毁林的事实与危害。

舆论的作用也是有限的，山民自有山民的一定之规：山高皇帝远。《森林法》太远，省里的布告也不近，他们怕现管的乡里和县里的官，有一些不大的官手里握着权，而且还知道为本乡本土人着想总是袒护着，法律有什么用？谁都采取大事化小小事化了的办法。大兴安岭的本来可以扑灭的小火终于成为历史罕见的大火，不就是这样烧起来的吗？这也就是为什么假话不能杜绝、马屁能够盛行的症结所在。

关于武夷山风景区的汇报上永远是"成绩是主要的"，而且"山山有树，岭岭披绿"，砍树只是个别的，而且已经经过了教育。

果真如此吗？

武夷山毁林之风得不到制止的原因并不复杂：代管武夷山风景区的某些人有法不依，有意包庇，有的乡村干部带头违法。

1983年12月7日，南源岭良种场的职工未经许可进入风景区绝对保护的狮子峰后的老虎巢毁林开荒造成大火烧山，破坏植被375亩，毁林6000多棵。就在上级政府决定捉拿毁林者、不得随意将木材外运时，崇安县在一天之内将火中取材的121立方米木材运到了江苏！

武夷山公社黄柏大队的主要负责干部亲自率领乡民到风景区金鸡洞砍伐风景树18棵，最小的直径30厘米，最大的直径80厘米，笔者在今年9月份踏访武夷山时被告知：武夷山上直径80厘米以上的大树已被砍光因而绝迹！

且看这样的严重违法事件是如何执法的：罚款200元！呜呼！哀哉！

阅读提示

本文选自《伐木者，醒来！》吉林人民出版社1997年版，第4~18页。

本文作者徐刚，我国著名环境文学先驱者，1945年生于上海崇明岛，毕业于北京大学中文系。他写过《伐木者，醒来！》《守望家园》等，他人也长得十分可爱、可敬。

本文对土地、对森林那种执著的热爱唤起了无数的人们思索人与自然的关系，有的人也走上了环境保护之路。本文中的"狗官"陈建霖是怎样的人？人们应当向他学习什么？

Chapter 3

三　并非绝对正确

观察可能出错／［英］贝弗里奇
算命／梁实秋
以科学的名义／［英］里德利
给孩子们讲阿基米德的故事／吴国盛
长白山天池"怪兽"／沈孝辉

观察可能出错

[英] 贝弗里奇

乔治在谈到目击者观察日常生活现象之全然不可靠性时说："观察到什么现象取决于观察者是什么人。要使观察者之间意见一致，必须保证：他们注意力十分集中，他们不应觉得自己的生命受到威胁，他们主要的生活必需品得到满足，并且不能出其不意使他们惊慌失措。如果他们观察的是短暂的现象，必须使其重复多次，观察者最好不仅注视而且必须搜寻每一个细节。"

为了说明很难作出细致的观察，乔治讲了下面的故事：

在格丁根（Göttingen）一次心理学会议上，突然从门外冲进一人，后面追着一个手里拿着手枪的人。两人正在屋子中央混战时突然响了一枪，两人又一起冲了出去。从进来到出去总共二十秒钟。主席立即请所有的与会者写下他们目击的经过。这件事是事先安排，经过排演并全部照下相来的，尽管这种情况与会者当时并不知道。在交上的四十篇报告中，只有一篇在主要事实上错误少于百分之二十，有十四篇有百分之二十到四十的错，有二十五篇有百分之四十以上的错误。特别值得一提的是：在半数以上的

科学并非绝对正确

用放大镜观察昆虫。

报告中百分之十或更多的细节纯属臆造。这次观察尽管效果很差,但条件是有利的,因为整个经过十分短暂,并非惊人足以引起人们注意,细节又是事后立刻记下,记录

溪水

者都惯于作科学观察,并且与事件都无个人牵连。心理学家常作这类实验,其结果大体雷同。

要懂得观察,也许首先必须知道:观察者不仅经常错过似乎显而易见的事物,而且更为严重的是,他们常常臆造出虚假的现象。虚假的观察可能由错觉造成,出现错觉时感觉使头脑得出错误的印象,或是头脑本身滋生了谬误。

各种几何图形能造成视觉上的错觉,光在水、玻璃及热空气中折射造成的畸变也使人产生视觉上的错觉。视觉观察不可靠之最突出的

狮子

科学并非绝对正确

例子就是魔术师的戏法。还有,将一手浸入热水,一手浸入冷水,几分钟后把两手都浸入温水之中,也说明感觉器官能提供假象。古代希腊历史学家希罗多德(Herodotus)曾记载过一个这类性质的荒谬现象:

"这条溪水清晨是温和的,当市场热闹起来时凉了许多,到中午已经很冷了。因此人们此时浇花灌水。下午日头向西,溪水的温度又有回升,到太阳落山时,溪水又变得温和起来。"

实际上水温保持不变,变化的是随着气温而变的水与空气的温差。声音上的错觉也会造成类似错误的观察。

在记载和报告观察到的现象时,产生的第二种谬误是头脑本身滋生的。许多这类错误之所以出现,是由于头脑容易无意识地根据过去的经历、知识和自觉的意愿去填补空白。歌德曾说:"我们见到的只是我们知道的。"

俗话说:"我们容易看到眼睛后面而不是眼睛前面的东西。"描写狮子追逐黑人的电影就是一例。镜头上时而出现狮子追逐,时而出现黑人逃跑,几次重复以后,最后我们看到狮子往深草中的一个东西跃去。虽然银幕上并未同时出现狮子和人的形象，但是大部分观众相信自己确实看见了狮子向人扑去，甚至有人严肃地抗议不该牺牲土著拍摄这样的电影。下面的故事也同样说明了主观上的谬误。曼彻斯特市有个医生，在教学生的时候，用手指蘸糖尿病人尿的样品来尝味。然后，他要求全体学生重复这个动作。学生们勉勉强强愁眉苦脸地照着做了，一致同意尿是甜的。这时医生笑着说："我这样做是为了教育你们观察细节的重要性。如果你们看得仔细，就会注意到我伸进尿里的是拇指，舔的却是食指。"

众所周知，不同的人在观察同一现象时，各人会根据自己的兴趣所在而注意到不同的事物。在乡间，植物学家会注意到不同的植物，动物学家注意动物，地质学家注意到不同的地质结构，农夫注意庄稼、牲畜等等。一个没有这些爱好的城市居民，见到的则可能只是悦目的风景。许多男人同一个女人待上一天，过后对她的穿戴只是极模糊的概念，但是大多数的女人在见到另一个女人以后几分钟就能详细描述那个女人的服饰。

▽ 记忆似乎就像一张老相片。

▲ 奔跑中的马

科学并非绝对正确

反复看见某一事物而未加记忆是完全可能的。举例说，初到伦敦的人会对伦敦居民说起许多公共汽车前面油漆的那些眼睛。伦敦人很吃惊，因为他从来没有注意过。但是，一旦被提醒了，在以后的几个星期中他每看到一辆汽车几乎总是意识到那些眼睛的存在。

人们往往会注意到一个熟悉的场景上出现的各种变化，尽管原来也许并未有意识地注意这个场景的细节。确实，有时人们可能注意到了一个熟悉的场景有所变化，但却说不出是什么变化。乔治说："记忆似乎就像照片底板那样保存了一个熟悉的场景。第二次检查时，人们无意识地将记忆的形象置于眼前出现的视觉形象之上。就像重叠两张相似的照相底片时，人们立刻注意到那些不完全一致的地方，即一张上有所变化的地方。值得注意的是：有时不能忆起记忆中的整体，因此无法对细节加以描述。"

这一比喻也许不够贴切，因为在故事或音乐等其他事物的记忆上也同样发生这一现象。在给孩子讲一个他所熟悉的故事时，任何细小的更动都会引起孩子的注意，尽管孩子并不会背诵这个故事。乔治继续说：

"对变化的敏感似乎是一切感官的特性，因为声音、味觉、嗅觉和温度上的变化都能被立刻觉察……甚至可以说：一个连续不断的声音只有在停止或变化的时候才能被听见。"

如果我们认为新旧影像的对比是在头脑的下意识部分进行的，那么，有关直觉如何进入自觉思维的假说与之亦有相似之处。我们希望人们即使意识不到全部细节，也要觉察出那些值得注意的事实，即变化。

必须懂得所谓观察不仅止于看见事物，还包括思维过程在内。一切观察都含有两个因素：(1)感官知觉因素（通常是视觉）；(2)思维因素，这一因素如上所述，可能是半自觉半不自觉的。当知觉因素处于比较次要地位时，往往很难区分观察到的现象和普通的直觉。例如，有时把"我注意到当我走近马匹时我就患枯草热"这类的话当成观察到的现象。枯草热和马匹都是显而易见的，而二者之间的关系，在起初如无一定的机敏则不可能注意到，这就是一种不易与直觉区别的思维过程。有时，注意与直觉之间可能是泾渭分明的。例如：亚里士多德（Aristotle）说：观察到月亮的光亮面总是朝着太阳，观察者就可能突然想到这是由于月亮借太阳的光发亮。在本章开始所引的三个小故事中，观察也都发生在直觉之前。

亚里士多德头像

阅读提示

本文选自《科学研究的艺术》，陈捷译，科学出版社1984年版，第102～108页。

乔治的故事说明了什么？细心领会"观察者不仅经常错过似乎显而易见的事物，而且更为严重的是，他们常常臆造出虚假的现象"。歌德说："我们见到的只是我们知道的。"这话想说明什么？如果说个体的观察并不可靠，那么集体的观察就可靠吗？你认为什么东西是可靠的，我们如何校正观察？

算　命

梁实秋

　　从前在北平，午后巷里有镗镗的敲鼓声，那是算命先生。深宅大院的老爷太太们，有时候对于耍猴子的，耍耗子的，跑旱船的……觉得腻烦了，便半认真半消遣的把算命先生请进来。"卜以决疑，不疑何卜？"人生哪能没有疑虑之事，算算流年，问问妻财子禄，不愁没有话说。

　　算命先生全是盲人。大概是盲于目者不盲于心，所以大家都愿意求道于盲。算命先生被唤住之后，就有人过去拉起他的手中的马竿。"上台阶，迈门坎，下台阶，好，好，您请坐。"先生在条凳上落座之后，少不了孩子们过来罗唣，看着他的"孤月浪中翻"的眼睛，和他脚下敷满一层尘垢的破鞋，便不住的挤眉弄眼咯咯地笑。大人们叱走孩童，提高嗓门向先生请教。请教什么呢？老年人心里最嘀咕的莫过于什么时候福寿全归，因为眼看着大限将至而不能预测究竟在哪一天呼出最后一口气，以至许多事都不能做适当的安排，这是最尴尬的事。"死生有命"，正好请先生算一算命。先生干咳一声，清一清喉咙，眨一眨眼睛，按照出生的年月日时的干支八字，配合阴阳五行相生相克之理，掐指一算，口中念念有词，然后不惜泄露天机说明你的寿数。"六十六，不死掉块肉；过了这一关口，就要到七十三。七十三，过一关。这一关若是过得去，无灾无病一路往西行。"这几句话说得好，老人听得入耳。六十六，死不为夭，而且不一定就此了结。有人按算命先生的指点到了这一年买块瘦猪肉贴在背上，教儿女用切菜刀把那块肉从背上剔下来，就算是应验了掉块肉之说而可以免去一死。如果没到七十三就撒手人寰，那很简单，没能过去这一关；如果过了七十三依然健在，那也很简单，关口已过，正在一路往西行。以后如何，就看你的脚步的快慢了。而且无灾无病最

科学并非绝对正确

快人意，因为谁也怕受床前罪，落个无疾而终岂非福气到家？长生殿，进果："瞎先生，真圣灵，叫一下赛神仙来算命。"瞎先生赛神仙，由来久矣。

据说有一个摆摊卖卜的人能测知任何人的父母存亡，对任何人都能断定其为"父在母先亡"，百无一失。因为父母存亡共有六种可能变化：（一）父在，而母已先亡。（二）父在母之前而亡。（三）椿萱并茂，则终有一天父仍在而母将先亡。（四）椿萱并茂，则终有一天父将在母之前而亡。（五）父母双亡，父在母之前而亡。（六）父母双亡，父仍在之时母已先亡。关键在于未加标点，所以任何情况均可适用。这可能是捏造的笑话，不过占卜吉凶其事本来甚易，用不着搬弄三奇八门的奇门遁甲，用不着诸葛的马前时课，非吉即凶，非凶即吉，颜之推所谓"凡射奇偶，自然半收"，犹之抛起一枚硬币，非阴即阳，非阳即阴，百分之五十的准确早已在握。算而中，那便是赛神仙，算而不中，也就罢了，谁还去讨回卦金不成？何况卜筮不灵犹有不少遁词可说，命之外还有运？

韩文正公文起八代之衰，以道统自任，但是他给李虚中所作的墓志铭有这样的话："李君名虚中，最深于五行书，以人之始生年月日所值日辰干支，相生胜衰死王相，斟酌推人寿夭贵贱利不利，辄先处其年时，百不失一二……"言人之休

▲ 反映迷信的漫画

▲ 清朝时人们在街头算命。

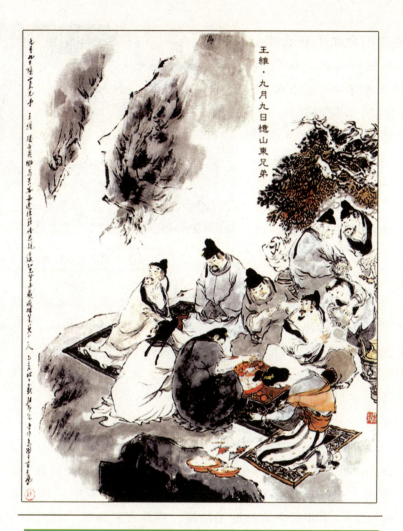

△ 我国民间认为茱萸可以辟邪。

咎,百不失一二,即是准确度到了百分之九十八九,那还了得?这准确的纪录究竟是谁供给的?那时候不会有统计测验,韩文正公虽然博学多闻,也未必有闲工夫去打听一百个算过命的人的寿夭贵贱。恐怕还是谀墓金的数目和李虚中的算命准确度成正比例吧?李虚中不是等闲之辈,撰有命书三种,进士出身,韩文公也就不惜摇笔一谀了。人天生的有好事的毛病,喜欢有枝添叶的传播谣言,可供谈助,无伤大雅,"子不语",我偏要语!所以至今还有什么张铁嘴李半仙之类的传奇人物崛起江湖,据说不需你开口就能知晓你的家世职业,活灵活现,真是神仙再世!可惜全是辗转传说,人嘴两张皮,信不信由你。

瞎子算命先生满街跑，不瞎的就更有办法，命相馆问心处公然出现在市廛之中，诹吉问卜，随时候教。有一对热恋的青年男女，私订终身，但是家长还要坚持"纳吉"手续，算命先生折腾了半天，闭目摇头，说："哎呀，这婚姻怕不成。乾造属虎，坤造属龙，'虎掷龙拿不相存，当年会此赌乾坤'……"居然有诗为证，把婚姻事比做了楚汉争。前来问卜的人同情那一对小男女，从容进言："先生，请捏合一下，卦金加倍。"先生笑逐颜开地说，"别忙，我再细算一下……龙从火里出、虎向水中生。龙骧虎跃，大吉大利。"这位先生说谎了么？没有。始终没有。这一对男女结婚之后，梁孟齐眉，白头偕老。

△ 外国也有类似我国的算命现象。

如果算命是我们的国粹，外国也有他们的类似的国粹。手相之术，柏拉图，亚里士多德亦不讳言之。罗马设有卜官，正合于我们的大汉官仪。所谓Sortes抽卜法，以圣经、荷马或魏吉尔的诗篇随意翻开，首先触目之句即为卜辞，此法盛行于希腊罗马，和我们的测字好像是同样的方便。英国自1824年公布取缔流浪法案，即禁止算命这一行业的存在；美国也是把职业的算命先生列入扰乱社会的分子一类。倒是我们泱泱大国，大人先生们升官发财之余还可以揣骨看相细批流年，看看自己的生辰八字是否"蝴蝶双飞格"，以便窥察此后升发的消息。在这一方面，我们保障人民自由，好像比西方要宽大得多。

阅读提示

本文选自《雅舍情剪》，内蒙古人民出版社1998年版，第174～177页。

未来是难以预测的，人生和社会复杂多变，预测一个人的命运，显然是荒唐的。但是，算命这门生意、把戏，却经久不衰，请说说这是为什么。算命先生为什么有时候算得看起来很准？请为"父在母先亡"断句并解释。

以科学的名义

[英] 里德利

到了1900年，优化人种论抓住了普通民众的想象。"优基因"这个名字突然成了时尚，凭空冒出了公众对于有计划地生育的兴趣，同时，优化人种学会在英国各处都冒了出来。皮尔逊写信给高尔顿说："如果孩子不健康，我听到大多数的中产阶级太太会说：'噢，但是那不是一个优化人种的婚姻！'"波尔战争①中军队征招来的战士素质非常差，以至于它在刺激了关于福利的争论的同时，也刺激了关于更好地生育的争论。

相似的事情在德国也发生了，一种混合了弗利

① 1899到1902年英国军队与波尔人（从17世纪起居住在非洲南部并融入当地的荷兰农民的后代）在非洲南部进行的战争，英国的目的是掌握对该地区的控制。在此次战争中，英国军队遇到了出乎预料的打击，这也是英国殖民思维变弱的开始。——译者注

尼采，德国著名哲学家

德里希·尼采（Friedrich Nietzsche）的英雄哲学与恩斯特·海克尔的强调人的生物命运的学派，产生了一种激情，希望进化上的进步与经济和社会的进步同时发生。独裁哲学能如此容易地吸引人，意味着在德国，比在英国更甚，生物学

与民族主义交织在一起了。但是在那时候它还仅仅是意识形态，还没有被付诸实施。

到此，还没有什么危害。但是，重点迅速从鼓励最优秀的人以优化人种的名义生育转移到了阻止最"差"的人生育，以免把基因带坏。"最差的"很快就成了"心智虚弱"的意思，它包括了酗酒者、患有癫痫病的人、罪犯，以及智力低下者。在美国尤其如此。在1904年，高尔顿和皮尔逊的一个崇拜者查尔斯·达文波特（Charles Davenport）劝动了安德鲁·卡内基（Andrew Carnegie）（以铁路和钢铁起家的美国实业家、慈善家，出资建立过很多研究机构。——译者注），为自己建立了冷泉港实验室，专门研究优化人种论。达文波特是个顽固保守、精力无穷的人，他更关心的是怎样制止劣化人种的生育，而不是怎样鼓励优化人种的生育。他的"科学"，至少是过于简单化的。例如他曾说，既然孟德尔学说已经证明了遗传的颗粒结构，美国人的"大熔炉"思维就应该退休了；他还提出过海军的家庭可能有热爱海洋的基因。但是在政治上，达文波特既有技巧又有影响力。亨利·戈达德有一本书，是关于一个神秘的、智力有缺陷的、名字叫做卡里卡克（Kallikak）的家庭的。在这本书里他强烈地论证了心智虚弱是有遗传的，而达文波特就从这本书里得到了帮助。达文波特和他的同盟者们逐渐说服了美国政界，让他们认为美国人的"质量"正处于极度危险之中。西奥多·罗斯福（Theodore Roosevelt）（美国第26任总统，第32任总统富兰克林·罗斯福是他的本族侄子。——译者注）说："总有一天我们会意识到，正确的类型中的优秀公民最主要的责任，不能逃避的责任，这个法案是在他或她的身后给这世界留下他们的骨血。"错误类型的人就不必申请了。

美国对于优化人种论的热

卡内基和他自己的画像

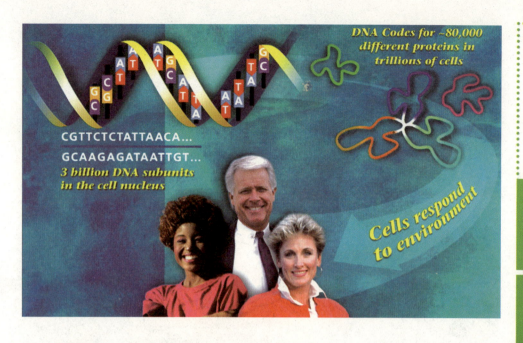

情多是来自反对移民的感情。在那个时候,东欧与南欧迅速地向美国移民,很容易就会掀起疑神疑鬼的情绪,认为美国国内"更好"的盎格鲁—萨克逊人种正在被稀释。支持优化人种的观点为那些出于传统的种族主义而希望控制移民的人提供了方便的掩饰。1924年的移民限制法案就是优化人种运动的直接结果。在以后的20年间,它把很多绝望的欧洲移民困在故国,推入了一个更加恶劣的命运,因为它拒绝给这些人提供一个在美国的新家。它在法律文书里待了40年,没有得到修正。

对于优化人种论的支持者们,限制移民可不是他们在法律上的唯一胜利。到了1911年,有六个州已经有了记录在案的法律,允许对心智不健康的人实行强制绝育。6年之后,又有9个州加入了他们的行列。理由是这样的:如果一个州可以处决罪犯,它当然可以剥夺人的生育权(好像头脑天真跟犯罪行为是同样的东西)。"在这些个人自由,或者是个体权利的例子中,……我们要谈的是登峰造极的愚蠢。这样的个体……没有权利生育像他们那样的人。"一个名叫W.J.罗宾逊(Robinson)的美国医生写道。

最初,最高法院否决了很多绝育方面的法律,但是在1927年,它的立场改变了。在巴克控告贝尔(Buck vs. Bell)一案中,最高法院判决,弗吉尼亚州政府可以给凯瑞·巴克(Carrie Buck)做绝育手术。巴克是一个

17岁的女孩,居住在林池堡一个癫痫病人和弱智者的群落里,和她的妈妈爱玛以及女儿维维安住在一起。在进行了一次仓促草率的检查之后,只有7个月大的维维安被宣布是个白痴,于是凯瑞被命令去做绝育手术。法官奥利弗·温代尔·霍姆斯(Oliver Wendell Holmes)在判决里有一句出了名的话:"三代白痴已经够了。"维维安幼年就死去了(维维安在7岁时因病死去。她读了一年多小学,成绩中等。——译者注),但是凯瑞活到了较大的年龄,是一个值得尊敬的女人,智力中等,空闲时间喜欢玩填字游戏。她的妹妹多瑞丝也被做了绝育手术,她试了很多年想要怀个孩子,最后才意识到,在没有征得她同意的情况下别人对她做了什么。直到70年代,弗吉尼亚州还在继续给那些有智力障碍的人做绝育手术。美国——个人自由的堡垒——按照1910年到1935年间通过的30多个州和联邦的法律,给十多万人做了绝育手术,理由是这些人"弱智"。

但是,尽管美国是个先锋,其他国家却跟得很紧。瑞典给6万人做了绝育,加拿大、挪威、芬兰、爱沙尼亚和冰岛都把强制绝育放入了自己的法典,并付诸实施。最臭名昭著的是德国,先是给40万人做了绝育,后来又杀死了其中的很多人。在第二次世界大战期间的18个月内,有7万已经被做过绝育手术的德国精神病人被用毒气杀死,为的是腾出病床来给受伤的战士用。

但是,英国从来没有通过一个优化人种的法律,在新教工业化国家里这几乎是唯一的。它从来没有通过一个法律允许政府干涉个人的生育权利。具体地说,英国从来没有过一个法律制止弱智人结婚,也从来没有一个英国法律允许政府以某人弱智为理由对其实行强制绝育。

阅读提示

本文选自《基因组:人种自传23章》,刘菁译,北京理工大学出版社2003年版,第295~299页。

科学与政治结合起来,会产生很大的力量。当坏科学、伪科学与政治结合起来时,也能产生很大的力量、可怕的力量。你认为"优化人种论"是否有道理?如何把它与我们所强调的"优生优育"区分开来?国家的建设和个人的发展,处处离不开科学技术。人们有理由相信科学,但是用什么办法能事先考虑、应付上述情况呢?我们对科学应当有怎样的态度?

给孩子们讲阿基米德的故事

吴国盛

儿童节之前,我儿子所在的班级请我去给他们讲一讲科学家的故事,作为庆祝活动的一部分。科学家是人,自然也有不少故事。但科学家不是普通人,讲他们的故事就必须涉及他们所从事的工作,要让孩子们也能够听懂科学家所从事的工作,就只能选择古代的科学家了。于是,我决定给他们讲讲阿基米德。

阿基米德死于一个著名的历史事件,因而卒年十分明确,是公元前212年。有文献记载说他享年75岁,因而人们推算他该生于公元前287年。阿氏的故乡在意大利西西里岛的叙拉古,他生于斯、长于斯,最后为保护自己的祖国而牺牲。

阿基米德是希腊化时代的科学巨匠。希腊化时期,古希腊人那种纯粹、理想、自由的演绎科学与东方人注重实利、应用的计算型科学进行了卓有成效的融合,实际上为近代科学——既重数学、演绎又重操作、效益——树立了榜样,阿基米德是希腊化科学的杰出代表。他的传奇故事很多,而且每一个故事都从一个侧面展露了希腊化科学的风采。

作为希腊科学家,阿基米德有许多高超的不太为一般人所知晓的几何成就;作为一个希腊化科学家,他在算术方面有独到的建树,比如他

阿基米德肖像

求出了 π = 3.14。更为人津津乐道的是他发现浮力定律和杠杆原理的故事。他因为懂得杠杆原理，说出了"给我支点，我就能撬起地球"这样看似疯狂的名言。阿基米德与希腊古典时代的学者一个最大的不同在于，他不光"说"而且"练"。他因为懂得杠杆原理，所以做了一个滑轮组，一个人轻而易举地将一艘大船从海上拉进了港口，让叙拉古国王希龙二世目瞪口呆。

希龙二世请人打造了一顶纯金的王冠，造好后二世觉得好像没有这么重，怀疑金匠掺了假，但又没有办法不破坏王冠而证实其真假。国王把这个任务交给了聪明绝顶的阿基米德。据说阿基米德苦思冥想了很久，不得要害，最后在公共澡堂里洗澡时想出了办法。当时浴缸里的水太满，他身体一进浴缸就有许多水溢出来。他刚准备叹息水的浪费，却猛然想起了鉴定王冠的办法。他大喊了一声："尤里卡（我发现了）"，便光着身子飞跑回家。如今一个世界性的发明博览会就以这句"尤里卡"命名。

阿基米德70多岁的时候，祖国面临着战争的威胁。当时罗马人与迦太基人争夺海上霸权，叙拉古夹在中间左右为难。因上层决策失误，与后来日益强大起来的罗马结了仇。公元前215年，罗马军队在统帅马塞拉斯的指挥下围攻叙拉古城，但屡屡受挫，原因是阿基米德用"新式武器"装备了叙拉古军队，使罗马海军望而生畏。这些新式武器有投石机、大

浴缸里的发现让阿基米德找到了鉴定王冠是否掺假的办法。

阿基米德发明的巨大的机械手抓住了罗马的战船。

▲ 给我一个支点，我会撬起地球。

▲ 为纪念阿基米德而发行的邮票

▲ 阿基米德利用抛物镜面的聚光作用，使入侵的罗马船燃烧起来。

吊塔、反射镜。投石机比一般的弩射程远得多，用石头做炮弹杀伤力也大得多；大吊塔能够把整个一艘罗马军舰从港口的水面上提起来，"干晾"在那里；由一群老人妇女各持反射镜把太阳光集中照在同一艘船上，能够把木船烧着。由于这些奇奇怪怪的新式武器，罗马人的攻城行动久久不能得逞。马塞拉斯苦笑说，这是一场整个罗马军团与阿基米德一个人之间的战争。

攻城三年后，由于内部出现叛徒，叙拉古城终于在里应外合下被攻破。马塞拉斯知道阿基米德的价值，据说下令不得伤害这位神奇的老人。可是命令尚未下达到基层，城池已经攻破。一位罗马士兵闯进阿基米德的住宅时，阿基米德正在沙地上演算一道几何难题。他由于过于专注于演绎的逻辑，没有意识到危险正在迫近。杀红了眼的士兵高声喝问没有得到答复便拔刀相向，沉思中的阿基米德只叫了一声"不要踩坏了我的圆"便被罗马士兵一刀刺死。

在阿基米德的故事中存在着两个截然不同的形象，一个是对周边事物不闻不睬、物我两忘的沉思者的形象，一个是在现实生活中大显身手、制造奇迹的魔术

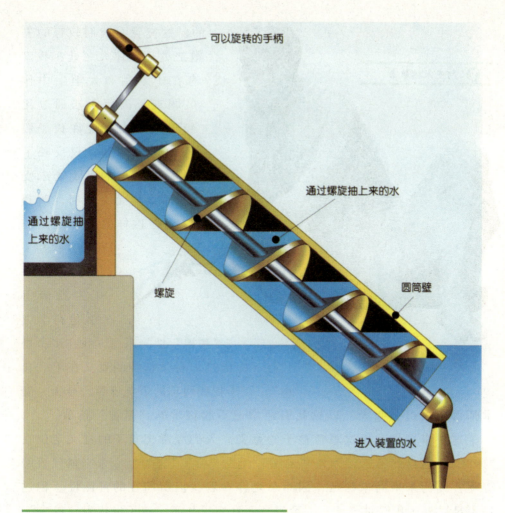

△ 阿基米德发明的抽水机的工作原理示意图。

科学并非绝对正确

师的形象。在当代中国，科学家们被更多赋予了魔术师的形象，科学家因着能够制造奇迹而受到格外的重视，科学因着能被用于世界的改造而被认为有着特殊的价值。我想测试一下孩子们，在阿基米德的两个形象中，哪个形象最有光彩，最能吸引他们的注意力。我满以为由我们中国的教育体制培养出来的学生一定会更多地倾向于魔术师形象，再说，孩子们喜欢魔术师也是天经地义呀！可是出乎我的意料之外，居然多数学生认为沉思者的形象给他们留下了更深的印象。

　　孩子们的选择不止一次地使我陷入了沉思。表面看来，他们的选择与这个时代的精神——实利主义和意志主义的力量崇拜——是格格不入

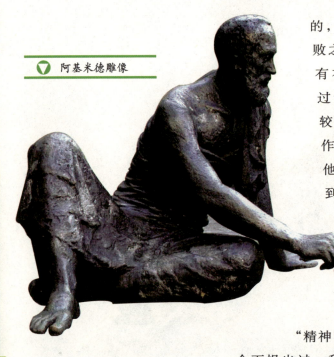

阿基米德雕像

的，这究竟是我们教育的失败之处还是伟大之处？我没有在中学生和大学生中作过调查，因而无法通过比较得出结论。也许孩子们作出这样的选择只反映了他们最健全的直觉尚未受到污染。无论如何，听到这样的选择还是令我倍感欣慰：孩子们似乎天生就懂得什么是科学中"精神"性的东西。我在多个场合下提出过，科学精神的要义在于"自由"，在于物我两忘的审美境界。今天，魔术师形象被过分夸大，以致我们经常记不起科学的"精神"价值。

这件事情使我再次思考孩子的意义。人们经常把孩子的意义定位在"未来"，这自然不错，因为"未来"代表"希望"。为什么未来就代表希望呢？因为未来尚未确定，因而总是存在着我们所向往的可能性。但这还不足以表达我们对孩子的"希望"之真切。其实，孩子也代表"过去"，代表我们人类的"源头"。正是因为禀有了这种"原始"、"本真"的"开天辟地"的力量，他们才是有"希望"的。在这个喧嚣的时代，大人们应更多地向孩子学习。

 阅读提示

本文选自《博览群书》杂志，2001年第12期。

请列举阿基米德在科学上取得的成就。作者提到阿基米德的哪两种形象？分别代表了科学的哪些方面？结尾处作者为什么提出向孩子学习？

长白山天池"怪兽"

沈孝辉

想不到23年前天池发现"怪兽"的传闻,至今仍能长盛不衰,每逢夏天旅游旺季,总会吊起不少人的胃口,沸沸扬扬地热闹一番。如果从旅游营销的商业化运作技巧上来看,大概最忌的是揭示谜底,道破天机;只有营造出一种虚无缥缈、似真似假、若有若无、永远说不清道不明的神秘氛围,才具有永久的吸引力。2003年似乎是"天池怪兽"频频亮相的"大年",大小报纸相继报道目击者见闻实录,读起来有滋有味,活灵活现。如果我不曾在长白山自然保护区长期生活工作过,如果我没有亲自考察过"怪兽",如果我也来看最先发表并被人断章取义、辗转传抄得面

长白山天池

目全非的文章,那么面对着如此众多的目击者(其中并非都是"闲杂人等",不乏政府公务员、知识分子),我可能也会将信将疑了,而今我却只能一笑置之。

话要从1981年8月说起。那时,我正在长白山保护区科研所工作。一天,科研所所长刘子德找我说,北京有一位叫韩雪的年轻人,自费来到我们保护区考察怪兽。难得他的这一番热心。但他人生地不熟,希望我陪他前往天池。

自从1980年北京作家雷加在《光明日报》上发表了天池怪兽目击记的那一篇文章,天池怪兽便在国内掀起了不小的波澜,有人把它与飞碟、野人并列为当今世界的三大谜,吸引了无数业余爱好者趋之若鹜。

台风眼的中心反而是平静的。不管社会公众怎样吵吵嚷嚷,学者们自有一定之规,不为所动。无论是保护区科研所,还是中科院长白山森林生态定位站的科研人员,都对此事一笑置之。理由简单而明确:天池中没有大型动物生存的食物链。连野兽都没有,哪儿来的"怪兽"?

长白山天池是一个火口湖,湖面积9.4平方公里,水深373米。几百万年以来,长白山出现过频繁而剧烈的火山活动。火山喷出的物质堆积成雄伟的锥体,而锥体中央的喷火口陷落,积水成湖。最后的一次喷发是1702年,但规模较小。1100年前的那一次大喷发,摧毁了以天池为圆心、50公里为半径范围内的原始森林。时至今日,国际上知名的火山专家仍然认为,长白山并未真正熄灭,它是世界上有爆发危险的火山之一。真是难以想象怪兽如何能在这种时不时就开锅冒烟的池中度日,除非它霎时间练就了一身孙猴子般的钢筋铁骨!

▼ 长白山的秋天

天池水温太低，水质也太清，池中仅有极少量的低等生物，而四周火山口内壁的集水区没有乔木，只有少许灌草苔藓，缺乏进入湖中的营养物质。这些就是学者们一致认为天池形成不了大型动物生存的食物链的原因所在。所以，也真委屈了我们的天池怪兽，除非它们在饥寒交迫中进化出一副喝矿泉水也能长膘的超级肠胃！

瞅我沉默不语，刘所长以为我心存疑虑，便说："怪兽这件事发生在我们保护区，而我们却没有人去看看究竟。并不是说非要找到怪兽才算解开怪兽之谜；能够证实没有怪兽，也同样是解开怪兽之谜。就目前而言，我们应当对社会公众有个交代，搞清他们看到的天池怪兽，究竟是什么东西。"

我表示：自己是搞科技情报资料工作的，来的又是北京老乡，此一

▲ 长白山上的原始森林和高山生态

▼ 长白山天文峰

科学并非绝对正确

趟天池之行责无旁贷！

于是，我从科研所借了一顶帐篷，两床鸭绒被，一副望远镜、一支半自动步枪和20发子弹，便带着年轻人韩雪，从天池瀑布西侧的崖壁爬上了天池。

我们的营地设在八卦庙旧址。这里是天池边耸起的一座高约三十米的黑色玄武岩平台，一面临天池，另一面临天池唯一的出口——乘槎河，与补天石旅游景点一水之隔，视野开阔，不受游人干扰。平台下的天池湖滨芳草萋萋，景色绝佳，在整个天池湖区恐怕难以找到第二个比它优雅的环境了。

说到"八卦庙"，是安图县百姓起的名字，它的原名称宗德或崇德寺，建于1929年，为木质八角形结构，当初有道人在此修炼，早已倒塌，再无人问津。我告诉韩雪说，自道人走后几十年来，我们是唯一在天池过夜的人。这一番人生体验必定不寻常！我的这句话令韩雪心情更加兴奋，他运石头，搬木板，搭帐篷，格外卖力。

我见过各种气象条件下的天池：云雾笼罩、时隐时现的天池，绵绵

金莲花

细雨中的天池，狂风骤雨的天池，雨后初霁的天池，骄阳下的天池，黄昏霞光映照的天池，冰封雪冻的天池，而今又多了一道风景：月色下的天池。

白天，韩雪多爬到铁壁峰或天文峰的半山腰取一个高视角观察天地间的动向，而我则多沿着天池水边一带活动。因为我不敢指望自己也有那些平均上两三趟天池就称自己发现一次怪兽的人那样的好运气。我认为人们看见天池中游水的未知动物（这个词比"怪兽"准确、科学）不可能是水生的，而应该是陆生的。那么，在它下水之前，势必会在岸边留下自己活动的踪迹，如脚印、粪便、毛发以及吃剩的食物等等。若能找到这些东西，岂不有助于解开怪兽之谜！

天池一带活动的动物真是不多。常年居住的只有一种小型啮类动物——高山鼠兔。它的灰毛与岩石颜色极为相似，是一种很好的保护色。每一只高山鼠兔都胖嘟嘟的，一天到晚嘴不停地咀嚼，四条腿不停地往自

高山鼠兔

科学并非绝对正确

▼ 画面中的猩猩又名"林中野人"

己的窝里搬运长达9个月的过冬储存食品。有几只高山鼠兔常跑到我们的帐篷边窥视。有一次我拿糖逗引，它们那种又贪吃又胆怯的模样令人忍俊不禁。

多了！可是，舒服的只是身上的感觉，心里连做梦惦记的还是天池！

第二天，我到二道白河镇买了三十根大麻花，这在当时已是最可口的食品了。回到局里，在天池宾馆碰见一群来自香港的学生，他们不知听谁说我在那儿考察怪兽，非要跟着去看看。我心想真的没什么好看，但为了搭他们的车上去，就一起出发了。这一次我带他们走的是另一条路，当时游客很少知道有这一条路。我们先到山顶的气象站，从气象站和天文峰之间绕到铁壁峰，经由天豁峰的豁口下天池可直达八卦庙。这一条路虽然长些，但一路可饱览长白山美不胜收的湖光山色，危险性也比从瀑布那边爬上来小。去瀑布的那一条小路常因滚石塌方造成游客伤亡，不知修了多少次，最后还是给封闭了。

可是从天文峰至天豁峰和八卦庙的这一条路（其实根本没有路，而是人们踩出的一条痕迹），也并非安全。因为从天豁峰到乘槎河边从上到下全是严重风化的倒石坡。石头是滚动的，坡面又陡峭，踩不好就会滚下去把下面的人砸着。这种事故我曾经历过一回。因此，在下山之前，我嘱咐香港的学生们小心脚下，而且走得紧凑些，不要拉开距离。

天豁峰到八卦庙的垂直海拔差不到500米，直线距离约有2000米。奇怪的是，我和香港的学生们在山头声音不高的谈话，却被呆在八卦庙帐篷里的韩雪听得一清二楚，他立刻探出头来对我们大喊大叫。如此长距离的传播，声音为什么居然没有减弱，我猜想可能是空气中湿度大并充满了电离子的缘故。

香港的学生饶有兴致地参观我们的考察营地，问这问那不肯离去。我看到白云峰那边天色阴暗，担心会下暴雨，便催他们快走。我告诉他们有一次我从天豁峰下来正赶上一场大暴雨，失足落到了乘槎河中差点就被河水冲走。

"河水会把你带到哪儿去？"一个大眼睛的女孩天真地问道。

我指了指河的尽头："喏，那儿有个68米高的瀑布，不用花钱就可以下去；底下还有个20米的深潭，花钱也活着出不来。"

香港的学生们一听，吐了吐舌头赶紧离去了。韩雪一边狼吞虎咽着大麻花，一边听我讲我们被人误认为是怪兽的故事，笑得差一点咽着。

最终，韩雪没能见到怪兽，带着些许遗憾返回北京。我倒是认为此次考察并非因没有见到"怪兽"就是一无所获。天池中本无怪兽，如何见得到？

2003年7月，有报道说，有人发现在天池中形成的"划水线"，竟是一只掉在池中的大蛾子造成的。蛾子能造成划水线并被人误以为是湖怪活动的迹象，听起来似乎匪夷所思，然而这种情况过去也曾发生过。1981年东北师范大学生物系的两位到长白山考察的生物教师，就曾在天文峰上见到水面上近岸处有两条可疑的划水线，

▶ 长白山上的瀑布

只是看不见造成划水线者为何物。当他们连滚带爬从火山口下到池边一看，不禁面面相觑，发现划水线竟然是一只在水中挣扎扑腾的大蛾子造成的。

其实，发生这种情况不难解释。在夏秋风和日丽时，天池平静得如一面光滑的镜子，任何一点小小的震动都会打破静水，所以，虽然蛾子是一种不起眼的昆虫，却也能在池中搅起波澜，牵动人们过敏的神经。

冬天二道白河的早晨

还有更多的报道则称，发现天池中有许多一齐向前游动的小黑点，疑为一群湖怪，其实结伴而游恰是鱼类的习性。朝鲜在天池中人工饲养的虹鳟鱼不太适应天池低温缺氧的水生环境，因此常常贴着水面游，甚至把嘴露出水来以便吸进足够的氧气。远远望去，自然是一群排列有序的小黑点在向前移动。多年的"天池怪兽"炒作使游客的神经格外脆弱，容易感染冲动，因此在其他地方本属正常的自然现象，一到天池就充满了怪诞与神奇。

无独有偶，神农架发现"野人"的报道虽然在社会上也曾掀起轩然大波，而在中科院动物所

高山龙胆

却始终无人理睬。学者们否定神农架野人存在的理论根据是凡属灵长类的动物都是群居的，而今发现的所谓野人几乎都是单独活动，这不符合灵长类动物的生物学特点。同时，野人也不可

能是人类进化途中的一个中途退化的分支，因为凡属退化的物种都要被自然界淘汰掉，不可能经历漫长岁月繁衍至今。对于天池中不可能有大型动物生存，更不要说是什么"怪兽"的理由，本文前面已进行了介绍，所以动物学家均拒绝对之作毫无意义的考察研究。

萨根说："我们不必再制造任何东西，等待我们去发现的宇宙中的奇迹已经够多了！"天池怪兽和神农架野人可称得上是中国最大的两个现代神话。也许，这两个神话故事还要在新世纪延续下去。愿我们少一些"制造"，多一些"发现"！

本文选自《人与自然》杂志，2003年第10期，第73～75页。

　　长白山天池到底有没有怪兽？作者及本书编者倾向于持否定态度，坚持认为那种主张没有严格的证据。你的观点如何？长白山天池风景秀丽，有瀑布、有地下森林，更有高山龙胆、金莲花、柳兰、瞿麦、石竹、高山紫菀等特色野花。

四 科学不是什么

信与知 /[德]魏特林
推理及注意事项 /[英]贝弗里奇
草包族科学 /[美]费恩曼
预言 / 叶圣陶
"大十字"不过是"戏说" / 李启斌
生命科学与骗术 / 王小波
怪坡揭秘 / 赵致真
科学与批评 /[美]萨 根
植物的感觉 /[美]高尔斯顿 斯莱曼

信与知

[德] 魏特林

当我们还是孩子的时候,我们就像孩子那样去信、去想、去做;一旦我们的信念随着年龄的增大和经验的增多而发育成熟起来,我们就像成年人那样去知、去想、去做。

一个孩子,他想从自己的老师那里学习,他就得信老师的话,直至他通过反复思索、通过自己的经验和信念有能力去检验这些话为止;否则,他就得再有一个学习时期,但这常常已为时太晚,那学习的黄金时代已被荒废掉了。但是,如果老师自己对真理没有把握,如果他们不是知而只是信,而且必然是自己不信自己所教的东西,那么,对于学生来说,一无所信和一无所学,也比不合理的有害的印象使他们的悟性和感觉走错方向更好些。在这种情况下,他们只有通过怀疑和不信才能取得知识教育。

但怀疑和不信已需要有一定程度的知识,而知识必然是他们所信赖的人传授给他们的。大人、名人、长辈和老师对孩子的影响很大,由此,他们——只要他们愿意——可以把自己的一切谬误和成见传授给孩子,

魏特林

科学并非绝对正确

▲ 最伟大的思想家之一——爱因斯坦

甚至实质上可以顺顺当当地把这些谬误和成见当做真理一起传授给孩子；因为只要我们的理智还没有成熟到足以掌握某一真理，我们在受教育过程中，为了好好学习，就必须相信这一真理。只有受过反复的教育之后，我们的经验和信念成熟起来，我们才能把信变为知。

这就是说，每一个真理，不是那么容易领会，一经说明我们立即可以检验的。我们往往是差不多经过多年的检验之后，才能够对某一学说作出透彻的判断。若干世纪已经逝去了，才有一个人或一些人把一个难题解答出来；上千年间，出类拔萃的思想家都对同一个题目冥思苦索，从这一错误中拔身出来又陷进另一错误之中，而始终未能获得结论。但是，我们越是离认识某一真理甚远，我们就越是必须把相信和信赖置于这一真理是可以认识的这一点上。逐渐地，我们越接近于这种认识，我们就越能理解新的真理，信的状态就越能变成知的状态，正像学习状态变成教导状态一样。这个过渡时期，正像小孩发育成大人一样几乎是难以觉察的。

可见，我们只是相信某一事物，还不等于我们确信这一事物的真理性和可靠性，因为信不等于知。知某一事物的人，比只是信这一事物的人更透彻了解这一事物的真理性，因为知依据事实和证据，而信只依据猜想和推测，只依据那些书面的或口头的消息，而这些消息是否真实，尚缺乏必要的知识可资证明。

有些团体和个人，从他们与其他团体和个人相比来看，以及从他们智力的发达程度来看，依然是些孩童。对于他们来说，主要是应当信，而对于其他在科学教养方面已经成熟的团体和个人来说，信就多余而无用了，因为他们的知识已经增多，信已变为知。

由此可见，每一个人民导师，每一个对人民的教育培养产生影响的人，不能只是信自己所教的东西，而必须知自己所教的东西，必须透彻了解对象的真理性，必须能够为此提供证明，并且必须努力引起批评而不是取消批评。

阅读提示

节选自《一个贫苦罪人的福音》，胡文建、顾家庆译，商务印书馆1986年版，第55～56页。

本文作者魏特林（1808—1871），空想共产主义理论家和活动家，恩格斯把这位裁缝帮工称作"德国共产主义的创始者"。

"信"重要还是"知"重要？你认为我们的教育中是重视"信"还是重视"知"？

科学其实很美

推理及注意事项

[英] 贝弗里奇

贝弗里奇

有些前提可能是已成立的事实或定律，但有一些可能纯粹是假设。常常有必要暂时承认某些尚未确立的假定，但是在这种情况下，切不可忘记这些仅是假设而已。法拉第警告说，思维有"依赖于假定"的倾向，一旦假定与其他知识符合，就容易忘记这个假定尚未得到证明。人们普遍认为：应把未得证明的假定保持在最低限度，并以选用假定最少的假说为宜。(这叫尽量节省主义，或称奥卡姆剃刀Occam's Razor)，是十四世纪威廉·奥卡姆。

未经证实的假定常由"显然"、"当然"、"无疑"等词句引入，很容易潜入推理。我原以为：营养充足的动物比营养不良的动物平均寿命更长是一个比较可靠的假定。但是，在最近的实验中证实，食物受到限制，以至生长率低于正常生长率的老鼠，比食物不受任何限制的老鼠寿命要长得多。

对推理出发的基础有了明确的认识以后，在推理中，每前进一步都必须停下来想一想：一切可以想象到的选择是否都考虑到了。一般来说，每前进一步，不确定的程度亦即假想的程度也就越大。

> 奥卡姆(约1300－约1350)，英国哲学家。他所创的尽量节省主义是说：当实验取得的事未能够得到说明时，不应增添不必要的假说，应把它一剃而尽，此说后被称为奥卡姆剃刀。

绝不能把事实混同于对事实的解释,也就是说,必须区别资料与概括。事实就是所观察到的,关系到过去或现在的具体资料。举一个明显的例子:某种药物用于家兔时可使家兔致死,这也许是一个事实,但若要说这种药物对家兔有毒就不是事实的说明,而是通过归纳作出的概括或定律。英语中,从用过去时改用现在时,往往意味着从事实跨入了归纳。这是一个经常要采取的步骤,但这样做的时候必须十分清醒和自觉。对结果的解释方式也有可能造成混乱:严格地说,实验中出现的事实只能通过确切说明其经过情况来加以描述。往往在描述实验时,我们将结果解释成别的东西,而这时或许还不意识到自己已经离开了对事实的说明。

▲ 奥卡姆画作

科学并非绝对正确

在科学研究中我们始终面临着这样一个困难:我们不但要为过去和现在作证明,而且要为将来作证明。科学若要有价值,就必须预言未来。我们必须根据过去的实验和观察所得的资料进行推理,并要为未来作出相应的安排。这就给生物学造成了特殊的困难,因为由于知识不足,我们很难肯定将来变化了的环境不会对结果发生影响。以对一种疾病新疫苗的试验为例。这一疫苗可在几个实验中都证明有效,但我们仍不敢断言将来也会有效。在1943和1945两年美国大规模试验中起到很好预防作用的流感疫苗,在1947年流感再次流行时却无效。从逻辑学的角度来看,我们根据资料,运用归纳、推理,得出了概括(如:疫苗有效)。然后,到了将来,我们想要预防该疾病时,就用演绎法把得到的概括应用于保护某些人不受感染这一具体实际的问题上去。推理中的难点自然是归纳。逻

爱因斯坦

辑学在此帮不了大忙。在搜集到广泛的资料足以使归纳具有广阔的基础之前，我们只能避免去做概括，并把任何以归纳为依据做出的结论看成是试验性的，或者，用俗话说，就是不要轻易下结论。在由资料得出结论时，统计学帮助我们保证结论有一定的可靠程度，但即使是统计上的结论，也只有在用于已经出现的现象时，才是严格有效的。

概括是永远无法证实的，我们只能通过考察由概括得出的推断是否符合从实验和观察得到的事实，来检验概括。如果结果与预期的不同，则假说或概括可被推翻。但符合预料的结果并不能证明概括正确，因为在概括不正确的情况下，由此得出的推断也可能正确。本身是正确的推断可能根据显然荒谬的概括做出。例如远避邪祟附身的病人就能不患鼠疫这一推断的正确，并不能证明鼠疫是邪祟所致这一假说的正确。在严格的逻辑学中，概括是永远不能得到证实的，有待无限期的验证。但是，如果无法证明某一概括不正确，特别是如果这个概括符合更为广义的理论概念的话，则该概括即在实践中被接受。

如果科学的逻辑证明：我们自己在进行概括时必须谨慎小心，那么出于同样的理由，对于任何概括我们都不能过于信任，即使普遍接受的理论或定律也是如此。牛顿并不把他所陈述的定律视为最终的真理，但也许他的大多数追随者却是这样看

林肯郡伍尔斯李普的这家农舍是牛顿的家。

的，直至爱因斯坦才证明牛顿的审慎是很有道理的。在一些重要性稍逊于此的问题上，一些普遍接受的观念最终被取代的现象更是屡见不鲜。

因此，科学家绝不能容许自己的思想固定不变，不仅自己的见解不能固定不变，而且对待当时流行观点的态度也不能不变。史密斯说：

"归根结底，科学研究是对现今思想和行动所依据的学说及原理不断检验的一种思维活动，从而对现存的做法是抱批判态度的。"

阅读提示

节选自《科学研究的艺术》，陈捷译，科学出版社1984年版，第90～93页。

"奥卡姆剃刀"是什么意思？由归纳得出的结论为什么只是试验性的？请举个例子说明归纳可以出错。

草包族科学

[美] 费恩曼

　　大战期间在南太平洋有一些土人，看到飞机降落在地面，卸下来一包包的好东西，其中一些是送给他们的。往后他们仍然希望能发生同样的事，于是他们在同样的地点铺飞机跑道，两旁还点上了火，盖了间小茅屋，派人坐在那里，头上绑了两块木头（假装是耳机）、插了根竹子（假装是天线），以为这就等于控制塔里的领航员了——然后他们等待、等待飞机降落。他们被称为草包族，他们每件事都做对了，一切都十分神似，看来跟战时没什么两样；但这行不通：飞机始终没有降落下来。这是为什么我叫这类东西为"草包族科学"，因为它们完全学足了科学研究的外表，一切都十分神似，但是事实上它们缺乏了最重要的部分——因为飞机始终没有降落下来。

▼ 南太平洋

接下来，按道理我应该告诉你，它们缺乏的是什么，但这和向那些南太平洋小岛上的土人说明，是同样的困难。你怎么能够说服他们应该怎样重整家园，自力更生地生产财富？这比"告诉他们改进耳机形状"要困难多了。不过，我还是注意到"草包族科学"的一个通病，那也是我们期望你在学校里学了这么多科学之后，已经领悟到的观念——我们从来没有公开明确地说那是什么，却希望你能从许许多多的科学研究中省悟到。因此，像现在这样公开的讨论它也是蛮有趣的。这就是"科学的品德"了，这是进行科学思考时必须遵守的诚实原则——有点尽力而为的意思在内。举个例子，如果你在做一个实验，你应该把一切可能推翻这个实验的东西纳入报告之中，而不是单把你认为对的部分提出来；你应该把其他同样可以解释你的数据的理论，某些你想到、但已透过其他实验将之剔除掉的事物等，全部包括在报告中，以使其他人明白，这些可能性都已被排除。

▲ 演讲中的费恩曼

你必须交代清楚任何你知道、可能会使人怀疑的细枝末节。如果你知道哪里出了问题，或可能会出问题，你必须要尽力解释清楚。比方说，你想到了一个理论，提出来的时候，便一定要同时把对这理论不利的事实也写下来。这里还牵涉到一个更高层次的问题。当你把许多想法放在一起构成一个大理论，提出它与什么数据相符合时，首先你应该确定，它能说明的不单单是让你想出这套理论的数据，而是除此以外，还能够说明其他的实验数据。

总而言之，重点在于提供所有信息，让其他人得以裁定你究竟作出了

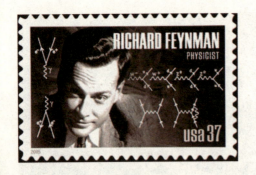

▲ 印有费恩曼头像的邮票

多少贡献；而不是单单提出会引导大家偏向某种看法的资料。

要说明这个概念，最容易的方法是跟广告来作个对照。昨天晚上我看到一个广告，说"威森食用油"（Wesson Oil）不会渗进食物里头。没有错，这个说法并不能算是不诚实，但我想指出的不单是要老实而已，这是关系到科学的品德，这是更高的层次。那个广告应该加上的说明是：在某个温度之下，任何食用油都不会渗进食物里头；而如果你用别的温度呢，所有食用油，包括威森食用油在内，都会渗进食物里头。因此他们传播的只是暗示部分，而不是事实；而我们就要分辨出其中的差别。

根据过往的经验，真相最后还是会有水落石出的一天。其他同行会重复你的实验，找出你究竟是对还是错；大自然会同意或者不同意你的理论。而虽然你也许会得到短暂的名声及兴奋，但如果你不肯小心地从事这些工作，最后你肯定不会被尊为优秀科学家的。这种品德，这种不欺骗自己的刻苦用心，就是大部分草包族科学所缺乏的配料了。

他们碰到的困难，主要还是来自研究题材本身，以及根本无法将科学方法应用到这些题材上。但这不是唯一的困难。这是为什么飞机没有着陆！

选自《别闹了，费曼先生》，吴程远译，生活·读书·新知三联书店1997年版，第443～444页。

文中所讲的相似性思维为什么没有根据？文中讲的"威森食用油"案例，在我们的广告中是否存在？小朋友，我们在论证一件事情时，不但要考虑有利的证据，还要考虑不利的材料，并设法排除、否定它们，这样你得出的结论才有说服力。如果你做不到这一点，下结论时就要小心一点。

预 言

叶圣陶

▲ 威尔斯

近来预测未来的风气似乎很盛行。杂志社出了题目请人写文章，就是1934年的情形怎么样，某都市的将来怎么样那一套。英国史学家威尔斯预言第二次世界大战将在1936年爆发。最近外国通讯社报道某一个专作预言的妇人对于今年世界大势的预言，话颇噜苏，我们不必转载，总之，她说今年是"和平之年"。

在赌场里屡次败北的人最注意可以认为预兆的事物，穷得潦倒不堪的人往往想去算一算命，在都市里谋官营差的人大都是星相家的好主顾。人陷落在颠连困苦的境地里，睁着眼睛直望前途，只见一片黑，就会想起"命运之神"来，总希望他能够给一点详切的指示。近来预测未来的风气盛行，并不是无缘无故的，确有其社会的根源。社会大众都陷落在颠连困苦的境地里，于是那些作者、史学家乃至预言家权充"命运之神"来向大众宣告了。

同样是预言，却也有分别。根据各方面的事势作综合的考察，然后推断由于这般的"因"，将会达到那般的"果"：这是一种预言。或者看

星象家

星象，或者看个玻璃球，或者焚香点烛，叩头默祷，随后忽然有悟，就这般那般地说出来：这又是一种预言。从开通的人看来，后一种预言当然是鬼把戏，不值一笑；而前一种却有凭有据，十分可靠，几乎可以加上"科学的"这个形容语。

因果之说，如果像佛家那样讲法，那是渺茫得很的；但是，如果按照常识来讲，就没有什么讲不通的。乱吃狂喝就会生病，无度地浪费就会陷于穷困，亏待了人家就会受人家怨恨，专横的政权就会引起大众的反抗：都是因果呀。这里有一点可以注意的，就是受"果"的固然是人，而造"因"的也莫不是人，这中间并没有什么超人的势力在发生作用。

那些几乎可以称为"科学的"的预言也只是说，人群倾向于造这般

苏联时期建造的克拉斯诺伏斯克二战纪念馆

的"因",就会受到那般的"果"而已。大众如果欣羡预言者所推测的良果,袖起手来专等这个良果到来,而不在造因上用功夫,那么,虽是"科学的"预言,也将终于不验。反过来,大众如果恐惧预言者所推测的恶果,而忘却自己是造因的正就负责者,还是在造因的道路上盲目前进。那么,必将有一天惊叹于预言的应验了。

所以,无论对于什么预言,如果把它看做星相家的批命辞和论相书,总是一种无益有害的态度。照这种态度推而广之,那么1936年第二次世界大战要爆发了,就只有等着轰炸机来毁灭我们的城市,毒气弹来收拾我们的生命。这要得么?为什么要不得?就在于忘却了自己是造因的负责者,而把所谓"果"看作无凭的命运了。

在预言盛行的现时代,我们不希望大众对预言取这样的态度,尤其不愿青年们取这样的态度,所以约略地说了这番话。

阅读提示

节选自《将离》,内蒙古人民出版社1998年版,第80~81页。

世界上打着"预测"旗号的事情非常多,对此小朋友要多一根脑筋。迷信的猖狂与社会形势有关,也与人们的知识状况有关。对于人和社会问题,预言还有"自我实现"的复杂情况,比如本来下个月物价不会上涨,但某个出名经济学家故意发表讲演,声称下个月要涨价,结果真的有可能引起一股涨价风波。

科学并非绝对正确

"大十字"不过是"戏说"

李启斌

赫歇耳1781年发现的天王星

社会上传闻：1999大十字，人类将有大劫难，说的是今年8月18日九大行星将排列成十字形。是否真有其事呢？

行星的位置是可以准确预测的。我们来看看今年8月18日天黑以后的天空。那时，行星之中只有木星和土星出现在东南方天空，非常明亮；海王星和天王星虽在南部天空，但是它们是肉眼看不见的；金星非常靠近太阳，也不可能看见；月亮和火星早已下落，水星要在日出前才会升起。因此，天空中并不能看到行星的十字形排列，看不到什么奇特的天象。有人按照行星的方位，把它们投影到一个圆上（如图1），看起来倒确实像十字形，就是所谓的大十字。

然而实际上，行星到地球的距离并不是相等的。按照真实的行星位置来画，我们就会发现，那时的行星排列同十字形相去很远，不如说更像个"人"字（如图2）。图2按实际距离的比例画出的行星位置关于大劫难的预言源于西方国家，有的西方人愿意和基督教十字架联系起来，便想象成十字形。其实，行星以不同的速度绕太阳运行，它们的排列图形时刻都在变化，依照人的想象力，可以把它们想象成各

冥王星

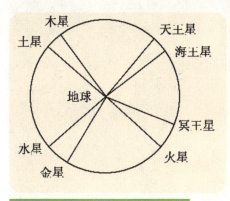

图1 把行星等天体的方位投影到一个圆上。

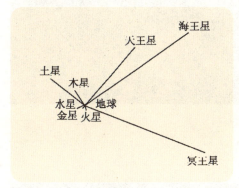

图2 按实际距离的比例画出的行星等天体的位置。

木星和它的卫星

种不同的图形。就像天上的云彩一样，你愿意想象成什么就是什么。各种排列图形同地球上的事情，同人类的命运，没有什么关系。

日、月、行星能影响地球的因素主要是电磁辐射（光、电波、紫外和红外线、X 和 γ 射线），引力和微粒辐射。行星的这些作用与日月相比都是微乎其微。

行星本身都不发光，木星有一定的电磁辐射，但极其微弱。行星反射的太阳光同太阳发射的光相比，太微不足道了，与月亮也没法相比。

至于引力，地球运动主要受太阳支配，月球有一定影响，因为引力与质量成正比，同到地球的距离平方成反比。行星作用到地球上的引力很微弱，例如木星，对地球的引力只有月球引力的 1/120。能够引起地球内部各部分作相对运动的是天体对地球不同部分的引力的差。地球上最靠近月亮的一点比离月亮最远的一点受到月球的引力要大，这种引力差会导致一种伸张的力，这种力叫做起潮力。地球受到的最大的起潮力来自月球和太阳，表现为海水的潮汐涨落。地壳受到起潮力的作用也会产生起伏运动，

科学并非绝对正确

八大行星

称为固体潮。因为起潮力和距离的立方成反比,行星的起潮力同月球、太阳相比就很微不足道了。行星中对地球起潮力最大的是金星,还不到月球起潮力的两万分之一。

在日、月、行星中只有太阳能发射带电粒子流,又称微粒辐射。其他均无微粒辐射。

因此,不管八大行星怎样排列,所引起的这些作用的加强或减弱都不能和日月运行中产生的变化相比,不能导致地球上发生重大变化、造成地球上的劫难。

太阳系鸟瞰图

▲ 包括有木星和土星卫星的太阳系的小型桌面模型

有人说，可能会有某种未知因素，某种未知的场，在行星特殊排列时会对地球产生特殊的作用。这种说法不符合科学的方法论。任何推断必须以观察或实验得到的事实为依据，或以已知的公理或定律为依据，进行科学的推理而得。不能以未知因素推断未来。可能有人会举出某种行星排列时曾出现过什么灾难，那也只是偶然的巧合。要认定一种现象同另一种现象之间有必然的关联性，必须进行严格的统计研究，算出相关性，并且给出置信度。再说，地球上灾难（地震、洪水、风暴、战争等等），年年都有，要说哪年天上出现了什么，地球上某个地方出现了某种灾难，有什么对应关系，有什么意义呢？

所谓行星排成大十字会出现大劫难的预言，往好里说，顶多是"戏说"而已，不可当真。

 阅读提示

选自《天象的启示》，湖南教育出版社1999年版，第168～170页。

1999年的"大十字"指的是什么？事实上1999年行星的排列对地球是否造成了灾难性的影响？

20世纪60年代兴起的非线性科学研究，特别是混沌（chaos）研究，发现许多系统具有"对初始条件的敏感依赖性"，即小偏差导致大偏差。这是否构成对本文观点的一种反驳？（提示：要考虑太阳系的稳定性，抗干扰性等，此问题很复杂。）

科学并非绝对正确

生命科学与骗术

王小波

我的前半生和科学有缘，有时学习科学，有时做科学工作，但从未想到有一天自己会充当科学的辩护士，在各种江湖骗子面前维护它的名声——这使我感到莫大的荣幸。身为一个中国人，由于有独特的历史背景，很难理解科学是什么。我在匹兹堡大学的老师许倬云教授曾说，中国人先把科学当做洪水猛兽，后把它当做呼风唤雨的巫术，直到现在，多数学习科学的人还把它看成宗教来顶礼膜拜，而他自己终于体会到，科学是个不断学习的过程。但是，这种体会过于深奥，对大多数中国人不适用。在大多数中国人看来，科学有移山倒海的威力，是某种叫做"科学家"的人发明出的、我们所不懂的古怪门道。基于这种理解，中国人很容易相信一切古怪门道都是科学，其中就包括了可以呼风唤雨的气功和让药片穿过塑料瓶的特异功能。我当然要说，这些都不是科学。要把这些说明白并不容易——对不懂科学的人说明什么是科学，就像要对三岁孩子说明什么是性一样，难以启齿。

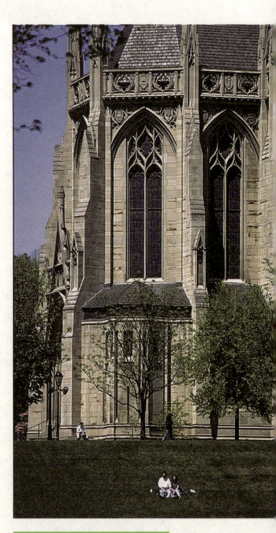

匹兹堡大学校园风光

物理学家维纳曾说，在理论上人可以通过一根电线来传输。既然如此，你怎么能肯定地说药片不可能穿过药瓶？爱因斯坦说，假如一个车厢以极高的速度运动，其中的时间就会变慢。既然如此，三国时的徐庶为什么就不能还在人间？答案是：维纳、爱因斯坦说话，不该让外行人听见。我还听说有位山里人进城，看到城里的电灯，就买个灯泡回家，把它用皮绳吊起来，然后指着它破口大骂："妈的，你为什么不亮！"很显然，城里人点电灯，也不该让山里人看到。现在的情况是：人家听也听到了，看也看到了，我们负有解释之责。我的解释是这样的：科学对于公众来说，确实犯下了过于深奥的罪孽。虽然如此，科学仍然是理性的产物。它是世界上最老实、最本分的东西，而气功呼风唤雨，药片穿瓶子，就不那么老实。

大贤罗素曾说，近代以来，科学建立了权威。这种权威和以往一切权威都不同，它是一种理性的权威，或者说，它不是一种真正的权威。科学所说的一切，你都不必问它是从谁嘴里说出来的，那人可不可信，因为你可以用纸笔或者实验来验证。虽然不是每个人都有验证数学定理的修养，更不见得拥有实

维纳

验室，但也不出大格——数学修养可以学出来，实验设备也可以置办。数学家证明了什么，总要把自己的证明写给人看；物理学家做出了什么，也要写出实验条件和过程。总而言之，科学家声称自己发明、发现了什么，都要主动接受别人的审查。

我们知道，司法上有无罪推定一说，要认定一个人有罪，先假设他是无罪的，用证据来否定这个假设。科学上认定一个人的发现，也是从他没发现开始，用证据来说明他确实发现了。敏感的读者会发现，对于个人来说，这后一种认定，是个有罪推定。举例来说，我王某人在此声称自己最终证明了哥德巴赫猜想（我当然不是认真说的！），就等于把自己置于骗子的地位。直到

科学并非绝对正确

爱因斯坦

我拿出了证明,才能脱罪。鉴于此事的严重性,我劝读者不要轻易尝试。

假如特异功能如某些作家所言,是什么生命科学大发现的话,在特异功能者拿出足以脱罪的证明之前,把他们称为骗子,显然不是冒犯,因为科学的严肃性就在于此。现在有几位先生努力去证明特异功能有鬼,当然有功于世道,但把游戏玩颠倒了——按照前述科学的规则,我们必须首先推定:特异功能本身就是鬼,那些人就是骗子;直到他们有相反的证据。如果有什么要证明的,也该让他们来证明。

现在来说说科学的证明是什么。它是如此的清楚、明白、可信,绝不以权威压人,也绝不装神弄鬼。按罗素的说法,这种证明会使读者感到,假如我不信他所说的就未免太笨。按维纳所说的条件(他说的条件现在做不到),假如我不相信人可以通过电线传输,那我未免太笨;按爱因斯坦所说的条件(他说的条件现在也做不到),假如我不相信时间会变慢,也未免太笨。这些条件太过深奥,远不是特异功能的术者可以理解的。虽然那些人可能看过些科普读物,但连科普都没看懂。在大家都能理解的条件之下,不但药片不能穿过塑料瓶,而且任何刚性的物体都不可能穿过比自身小的洞而且毫发无损,术者说药片穿过了分子间的缝隙,显然是不要脸了。那些术者的证明,假如有谁想要接受,就未免太笨。如果有人持相反的看法，必然和"骗"字有关，或行骗、或受骗。假如我没有勇气讲这些话，也就不配做科学的弟子。因为我们已经被逼到了这个地步，假如不把这个"骗"字说出来，就只好当笨蛋了。

关心"特异功能"或是"生命科学"的人都知道，像药片穿瓶子、耳朵识字这类的事，有时灵，有时不灵。假如你认真去看，肯定碰上他不灵，而且也说不出什么时候会灵。假如你责怪他们：为什么不把特异功能搞好些再出来表演，就拿他们太当真了。仿此我编个笑话，讲给真正的科学家听：有一位物理学家致电瑞典科学院说：本人发现了简便易行的方法，可以实现受控核聚变，但现在把方法忘掉了。我保证把方法想起来，但什么时候想起来不能保证。在此之前请把诺贝尔物理奖发给我。当然，真正的物理学家不会发这种电报，就算真的出了忘掉方法的事，也只好吃哑巴亏。我们国家的江湖骗子也没发这种电报，是因为他们层次太低。他们根本想不到骗诺贝尔奖，只能想到混吃混喝，或者写几本五迷三道的书，骗点稿费。

按照许倬云教授的意见，中国人在科学面前，很容易失去平常心。科学本身太过深奥，这是原因之一。民族主义是另一个原因。假设特异功能或是生命科学是外国人发明的，到中国来表演，相信此时它已深深淹没在唾液和黏痰的海洋里。众所周知，现代科学发祥于外国，中国人搞科学，是按洋人发明的规则去比赛规定动作。很多人急于发明新东西，为民族争光。在急迫的心情下，就大胆创新，打破常规，创造奇迹。举例来说，1958年"大跃进"时就发明了很多东西。其中有一样，上点岁数的都记得：一根铁管，一头拍扁后，做成单簧管的样子，用

科学并非绝对正确

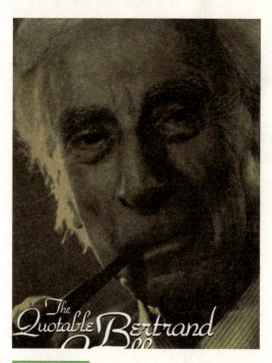

罗素

一片刀片做簧片。他们说，冷水从中通过，就可以变成热水，彻底打破热力学第二定律。这种东西叫做"超声波"，被大量制造，下在澡堂的池子里。据我所见，它除了割破洗澡者的屁股，别无功能；我还见到一个人的脚筋被割断，不知他现在怎样了。"特异功能"、"生命科学"就是90年代的"超声波"。"超声波"的发明者是谁，现在已经不可考，但我建议大家记下现在这些名字，同时也建议一切人：为了让自己的儿女有脸做人，尽量不要当骗子。很显然，这种发明创造，丝毫也不能为民族争光，只是给大家丢丑，所以让那些假发明的责任者溜掉有点不公道。我还建议大家时时想到：整个人类是一个物种，科学是全人类的事业，它的成就不能为民族所专有，所以它是全人类的光荣；这样就能有一些平常心。有了平常心，也就不容易被人骗。

我的老师曾说，科学是个不断学习的过程。学习科学，尤其要有平常心。如罗素所言，科学在"不计利害地追求客观真理"。请扪心自问，你所称的科学，是否如此淳朴和善良。尤瑟纳尔女士说："当我计算或写作时，就超越了性别，甚至超越了人类。"请扪心自问，你所称的科学，是否是如此崇高的事业。我用大师们的金玉良言劝某些成年人学好。不用别人说，我也觉得此事有点可笑。

现在到了结束本文的时候，可以谈谈我对所谓"生命科学"的看法了。照我看，这里包含了一些误会。从表面上看，科学只认理不认人，仿佛它是个开放的领域，谁都能来弄一把，但在实际上，它又是最困难的事业，不是谁都能懂，所以它又最为封闭。从表面上看，科学不断创造奇迹，好像很是神奇，但在实际上，它绝无分毫的神奇之处——如马林诺夫斯基所言，科学是对真正事实的

爱因斯坦与第二任妻子爱尔莎

实事求是——它创造的一切，都是本分得来的；其中包含的血汗、眼泪和艰辛，恐非外人所能知道。但这不是说，你只要说有神奇的事存在，就会冒犯到我。我还有些朋友相信基督死了又活过来，这比药片穿瓶更神奇！这是信仰，理当得到尊重。科学没有理由去侵犯合理的宗教信仰。但我们现在见到的是一种远说不上合理的信仰在公然强奸科学——一个弱智、邪恶、半人半兽的家伙，想要奸污智慧女神，它还流着口水、吐着黏液、口齿不清地说道："我配得上她！她和我一样的笨！"——我想说的是：你搞错了。换个名字，到别处去试试吧。

阅读提示

选自《文明与反讽》，内蒙古人民出版社1998年版，第272~276页。

作者为什么说"维纳、爱因斯坦说话，不该让外行人听见"？什么叫"无罪推定"？你认为"特异功能"是否存在？如果认为存在，如何证明它？

怪坡揭秘

赵致真

沈阳怪坡

1993年12月31日,《人民日报》赫然刊出一则惊人消息,说的是沈阳郊区30公里处发现了一个怪坡。车辆上坡省力,下坡费力。上坡能自动滑行到坡顶,下坡反而需要克服大于平地的阻力。言之凿凿,煞有介事,图文并茂,引起武汉电视台科技部编辑、记者的热烈讨论。

诚然天下之大,无奇不有。但天下之大,却又是有规律可循、有法则可依的有序世界。如果真有怪坡,是什么力在作用于坡上的车辆呢?

自然界的力不外乎电磁力、万有引力、强力、弱力四种。而后两种只在基本粒子的尺度上发生作用。那么,假设怪坡坡顶有强磁场,能吸引车上的钢铁部件,可按文章提供的内容,水的受力方向并没有异常,而车上坐的人的人体70%由水组成啊!再设想是万有引力,也显然无法自圆其说:连海洋的起潮力都可以在月亮、太阳那里找到根源,这里又是什么质量在起作用呢?除非坡顶有个小小的黑洞。如果真那样,尘土垃圾一定都会向山坡滑去。天一下雨,像正常情况下洼地会有积水那样,坡顶就会形成一个庞大的水帽子。这可能吗?

看来,不能将此仅仅当做茶余饭后的谈资。这是科学上的大是大非问题。如果真有这个怪坡,我们基本的科学常识怕要推翻一大半,所有关于力学、物理学的教科书也许都要重写。出自对科学的严肃态度和高度责任感，科技部决定立即派出摄制组飞赴沈阳，亲上怪坡，一鉴真伪。

1994年元月10日，摄制组的汽车来到了怪坡现场。这是一座坡度平缓的小山，名叫响山。从山脚沿着一条道路上到山腰。据介绍，前面的路段开始转为下坡，这便是名噪全国的怪坡。

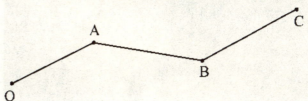

为了便于观众抓住要领，我们在这里先按《人民日报》的介绍，画一幅简单的示意图：OA表示从山脚到山腰的上坡路，AB转为下坡路，BC继续上坡。所谓怪坡就是指介于前后两段上坡路之间的这段下坡路AB。

我们站在怪坡的起点向前望去，的确感到是一段下坡路。驱车前行，在20多米之后，确实有所谓下坡费力之感。转过头来再往回走，车也果真开始滑行，前几十米颇有自动上坡的感觉。也许这便是许多人大呼眼见为实的原因。

于是我们拿出事先准备好的简单测试工具，开始悄悄做一点最基本的考察。我们将一只塑料球和一只铁球并排吊起，看到两根引线完全平行，这个对比实验表明，铁球并没有受到坡上磁力的吸引。我们带来的指北针也反复显示，当地磁场没有任何异常。

接下去做的试验同样简单，在所谓车往坡上滑的行程中，我们将随身带的矿泉水倒在地上，一个重要的事实出现了：水同样往所谓的坡上流去，和汽车自由滑动的方向完全一致，根本不存在报上所说的水流和车辆滑行方向相反的情况。此时，怪坡已经导出了以下结论：在这里，车往"高处"滑，水也是往"高处"流的。

那么，又究竟凭什么证明坡的起点是高处，终点是低处；凭什么认定这两段上坡路间是一段下坡路呢？只能说凭感觉。那么，我们的感觉靠得住吗？

摄制组架起了随身带来的经纬仪，开始进行最基本的实地测量。这本是常识范围内的简单操作。从一端递次测量到另一端，用水平法、三角高程法经过反复测绘，真相终于大白：这个感觉是下坡路的怪坡，其主体部分实际上仍是一段上坡。不过比它前后两段上坡路坡度平缓得多罢了。

请看怪坡的实地测量图：开始

科学并非绝对正确

指北针

一段 AD，确是 20 米左右的下坡路。随后就慢慢变成上坡，人们将起初下坡，后来以上坡为主的道路 AB 当成了从始至终一贯到底的下坡。这就是怪坡之谜的谜底。

我们把摄像机架在怪坡中点，将云台和托板调成水平，对怪坡从头至尾做 180 度旋摇。此时清楚看到，坡的起点 A 在镜头的水平线以上，而终点 B 在水平线以下，和测量结果完全相同。

开着车又验证一遍，也和测量结果丝毫不差。车无论从怪坡哪一端开始滑行，最后都会停在最低点 D。怪坡处处严格遵守着已知的科学规律，这里根本没有一丝一毫可怪之处。

那么，为什么这样多的人都会产生错觉呢？摄制组接着对个中原因进行了探索。

大家知道，我们进行一切定向定位活动，总是离不开参照系的。怪坡处在两段陡坡之间。从一端往前看，迎面是山。从另一端往后看，是路面和天空的交界线。加上四周全是倾斜的山坡，找不到一个可以作为基准的水平面。这种地形地貌的烘托，很容易引起视觉上的误差。

如果说人们在不自觉寻找一种参照系的话，这里唯一能够当作尺度的，大约就是这些护栏、石柱了。

我们开始着手考察这些对道路并无实际意义的石柱。从柱顶吊一根铅垂线，马上便能发现，原来每根石柱都不是垂直的，而是一律平行倾斜了大约 5 度。错觉就这样加强了。在生活习惯中，我们总是把柱子视为垂直的。一条水平的路如果柱子一律向左倾斜，我们便会感到这是一条左高右低的下坡路；反之，柱子往右倾斜，我们便会感到是一条右高左低的上坡路。现在，在坡度不大的情况下，没人想到去怀疑歪的是柱子，自然就觉得斜的是道路了。

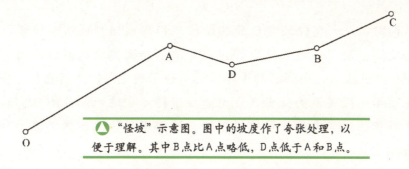

▲ "怪坡"示意图。图中的坡度作了夸张处理,以便于理解。其中B点比A点略低,D点低于A和B点。

除了石柱的角度外,更能引人误入迷途的是石柱的放置方法。怪坡开头确有一小段下坡,此后才慢慢变成上坡。试想如果路边的柱子都有同一高度,各个柱子顶端的连线自然就能如实描绘出道路起伏的状况。怪坡之谜也会被人一眼看穿。而这里,各处石柱的高度是不同的,设计者确定每根柱子长短的唯一标准是,必须使它们各自的端点在一条直线上。这样,道路先下坡后上坡的事实便被齐刷刷的柱子顶点所掩盖了。人们误以为柱子顶点的走势就是道路的走势。于是,后面一大段上坡被误认为开头一小段下坡的继续延伸。

此外,怪坡制造者的一番苦心还可以在多处发现。在怪坡首端,右边出发点比左边返回到达点高出数十公分。原因何在呢?右边垫高,是为了人们来到怪坡,放眼望去,第一印象便产生明显下坡感。而左边铲低,则为了保证回来时靠惯性滑得更远。

▽ 沈阳怪坡风景区

科学并非绝对正确

再譬如，若将怪坡像前面的路段一样修成沥青或水泥路面，照说摩擦力更小，滑行的效果会更好。但光洁的路面容易泄露真实的走势，于是便保持两边高，中间凹的土路模样。柱子根全用碎土石拥住、埋住，看不见显示角度关系的交界线。也隐瞒了柱子在地面部分的真实高度。连那个雕像的底座也是蓄意做成歪的。这哪里是什么自然之谜，分明是一个人造之谜。

于是人们便跟着感觉走，轻信了怪坡现场的种种误导。可以理解，怪坡开发者的初衷，不过是为了赚钱。据云，一年下来，能有极为可观的门票收入。倘若仅仅当作一种大魔术玩玩倒也无可厚非，现在搞得玄乎其玄，神乎其神，分明掩人耳目，偏说重大发现。而我们的新闻单位不做调查，不求甚解，对如此重大的根本性科学问题轻率发言，孟浪认同，以讹传讹，相煽成风，从而在科学空气本来相当稀薄的中国广大公众中，引起极大混乱，这是一场以愚昧制造愚昧的闹剧。事情到了这一步，每个具有科学良知和社会责任感的人还能够再缄口不语吗？

伟大的万有引力定律不理会任何人赚钱的热望，不受任何利益导向的指挥，依旧用自己铁的法则，主宰着怪坡上的一切。在零下20℃的寒冬里，我们的摄制组陷入深思。有句名言说：当真理还在穿鞋的时候，谎言已经跑遍了世界。但我们却坚信：真理一旦迈开脚步，就能把谎言赶出世界。

阅读提示

选自武汉电视台"科技之光"节目，本节目荣获中国广播电视奖二等奖。

关于沈阳的怪坡，媒体有多种多样的报道。本文只是其中之一，你相信作者所说的吗？

我们经常会听到一些似是而非的、耸人听闻的说法，仅仅相信和不相信是不够的，重要的是具有合理的怀疑精神，有条件的话还可以亲自设计检验方案，自己来核查某种说法是否可靠。比如，有这样一个例子。有一次朋友们在一起准备包饺子，张三不经意间对李四说，他可以通过鼻子闻的办法，知道饺子馅中加的盐是否恰到好处，即咸淡是否合适。假如你是李四，你相信张三的说法吗？你有什么办法证明或者否定张三的说法？（提示，做对比实验，取三个或多个小小的瓶盖，标上A、B、C等。）

科学与批评

[美] 萨 根

科学家们也和其他人一样，有他们的希望和恐惧，激情和失望——他们强烈的感情有时可能会打断其清晰的思路和可靠的实践。但是，科学又是自我校正的。那些最基本的公理和结论也可能受到挑战。盛行的假说必须经受观测的检验才能存在下去，诉诸权威是无济于事的。有说服力的论证中每一步皆须一清二楚，实验必须是可以重复的。科学史上充满着这样的事实：先前的理论和假说被彻底推翻了，取而代之的是能够更好地解释观测与实验资料的新思想。

尽管存在着心理上的惰性——通常大概要持续一代人的时间，这是可以理解的；但是人们普遍认为，在科学思想方面的这种革命，乃是科学进展的必要而顺乎需求的因素。实际上，对流行的信仰进行言之成理的批评，乃是对该信仰的拥护者的一剂良药；倘若他们不能作出答辩，那么明智的做法便是抛弃它。科学方法这种自我设问并纠正谬误的特征乃是其最引人注目的本性，这使它判然区分于人类的其他许多活动领域，例如政治和神学。

萨根

科学并非绝对正确

▲ 18世纪，天文学成为一种时尚。

科学是一种方法而不只是一种知识实体，这种想法在科学界以外，或者，实际上在科学自身内部的某些"走廊"中，并未受到广泛的重视。朝气蓬勃的批评，在科学中比在人类活动的某些其他领域更富有建设性，因为在科学上对于可靠性有着充分多的标准可为全世界能够身体力行的实践者所赞同。这种批评的目的不是压制，而是鼓励新思想的发展：那些新思想经过怀疑而又扎实可靠的追究而留存下来。这正是它们在斗争中证明自己正确、或者至少有用的好机会。

 阅读提示

节选自《科学与怪异》，中国科普研究所组译，上海科学技术出版社1989年版，第213~214页。

本文作者是美国著名科普作家、天文学家卡尔·萨根。

科学与批评之间是什么关系？学者、科学家喜欢别人批评自己吗？我们怎样面对他人的批评？

植物的感觉

[美] 高尔斯顿　斯莱曼

一本题为《植物秘闻》的书于1973年出笼了。这本书声称,植物具有许多过去人们认为只有人类和某些高等动物才有的精神方面的属性。这些属性包括感受人类的思维和情绪并对它们作出反应的能力,以及对远方发生的损伤性事件(例如其他生物受伤或死亡)作出反应的能力。这本书依据不加控制的实验、凌乱的观察和出处不明的报道,杜撰出了一个植物会算、能交流信息和收集宇宙其他地方的生命所发出信号的实例。据说植物能对某些音乐作出积极的反应(比如说,喜欢巴赫的音乐而不喜欢摇摆舞乐曲);能作出条件反射;能预测风暴、地震等;甚至能使元素蜕变(以避免矿物质贫乏)。在这些稀奇古怪的发现中,最神的一说是,只要把生长中植物的照片放置在特定频率电磁场的照射下,就可以消灭植物

风景

地震后的场景

的病虫害，或者使它们借以生长的土壤变肥。这本书通篇都是把对人们所公认的现象的描述同虚构而离奇的报道混杂在一起。

毫无疑问，这本书的作者汤普金斯和伯德都是老练的科普作家，他们对现代植物研究的许多方面肯定都是比较熟悉的。而且，这本书的出笼在时间选择方面，巧妙地利用了刚才所说的许多人对科学的厌恶感。所有这些，再加上不惜代价的广告宣传和一些出版商的卖力推销，使这本书影响甚广。假如大多数读者只是像读一部好的小说那样，为了消遣才读这本书的话，本来是无害可言的。但事实并非如此。在这本书的带动下，无数从"一人实验室"里出来的离奇发现蜂拥而至，继而引起了外行人对职业科学家不考虑植物界的所谓"事实"的广泛责难，并使学生们在生物课上争论不休。

面对这片盲目的支持声，尽管为时可能晚了一些，几篇针对这本书的科学评论终于问世了。美国植物生理学会和美国科学促进协会召开会议对书中的某些说法进行了评议。汤普金斯和伯德在书中最主要的内容之一，是说一位测谎器专家巴克斯特对植物进行的电生理学实验。1974年6月，在纽约州伊萨卡举行的美国植物生理学会会议

华盛顿大学校园风光

△ 各种昆虫翅膀

上,圣路易市华盛顿大学的皮卡德博士组织了一次讨论会,会上介绍了一些独立进行的并经过周密控制的实验,这些实验试图重复巴克斯特的实验结果,但都没有成功。此后,高尔斯顿在美国科学促进协会1975年1月的纽约会议上组织了一次会议,把巴克斯特和他的对立面都请到了会上,这些对立面中包括两位科学家,一位是加斯泰格,另一位是克迈茨,他们都花了不少工夫试图重复巴克斯特的实验。在那次会议上以及在后来的公开辩论中,巴克斯特对其他人未能重复做出他的实验结果显得若无其事,并绝口不提由他自己示范一下实验。因而,人们所期待的科学性对话不得不宣告中止。

为了证实一种植物或动物身上确有感受行为发生,必须要说明该生物体或其中某一部分能够对外界的某一刺激作出系统的反应。就大的刺激来说,信号的形状、大小以及(刺激与反应之间的)时间间隔,都是很容易鉴别的。而对小的刺激来说,主要问题是要把信号本身同"噪声"区别开来,这种"噪声"在生物系统中,类似收音机内的静电干扰。生物系统内噪声有时确实非常强。例如,多数动物的感受器都能自己放出像真正的信号那样的电脉冲,只不过它们是无规则的,因而往往不容易辨出它们对弱刺激的反应。通常用来区分信号和噪声的技术,要么是找出刺激开始后是否发生带有固定时延的脉冲,要么是用计算机技术确定刺激过程中平均信号频率是否高于无刺激的时候。

在过去75年中,通过电生理学实验(在这些实验中经常使用这种小信号辨别技术)实际上已经查出若干不同的植物感觉过程。但必须指出的是,所有这些感觉过程都显示了一个更基本的特性,那就是解剖定位。正如汤普金斯和伯德书中报道的那样,植物敏感性理论的支持者们不仅没有能够用刚才说到的这样系统的方法把(对"情绪"刺激反应的)信号同噪声分开,也没有能够找出这种感觉系统任何可能的解剖部位。在我们看来,正是找不到一种合理的感受体结构这一事实,宣判了巴克斯特、汤

科学并非绝对正确

普金斯和伯德关于植物"感觉"观点的死刑。知觉、通信和情绪，都是高度发达的神经系统的特性（也许在不久的将来，也会成为复杂的计算机电路的特性）。在植物王国中，找不到任何一种复杂到与昆虫甚至蠕虫神经系统相近的解剖结构，更谈不上同能够应付各种错综复杂事物的高级灵长类动物大脑皮层相比了。

科学中有两条基本原理，一是数据收集的可重复性，二是要独立验证。巴克斯特的结论以及汤普金斯和伯德书中的许多结论，都经不住这两条原理中任何一条的考验。由于各种观点在人们的头脑常常是根深蒂固的，因此近百年来，许多（甚至是大多数）科学家在其假说被科学数据和其他科学家证明破产以后很久很久，还仍然抱着这些假说不放。天长日久，时间终于把这些僵死的假说从我们的记忆中洗尽（至少是变得很淡漠），尽管以后这些假说不时地会以某种形式复苏甚至还魂。

△ 含羞草

阅读提示

节选自《科学与怪异》，G.O.阿贝尔等著，上海科学技术出版社1989年版，第31～45页，有删节。

　　大量报刊和科普图书中都曾不加分析地讲述过巴克斯特的离奇实验，实际上这些传说并没有得到其他科学家的验证，相反有大量反例证明巴克斯特的"实验"不可靠。你认为人们为什么愿意传播植物有感觉这类说法？宣传保护动物、植物、环境，就一定要把植物等设想为有感情的吗？你过去读过类似巴克斯特实验的文章吗？他们宣称的结果是否有确切的文献依据？

　　含羞草等植物的叶片受到振动或者滴上水滴，会立即收缩或落下，这与本文所讲述的所谓植物感觉有什么不同？（提示：含羞草的反应是一种生物化学、力学过程，与神经感受无关。）